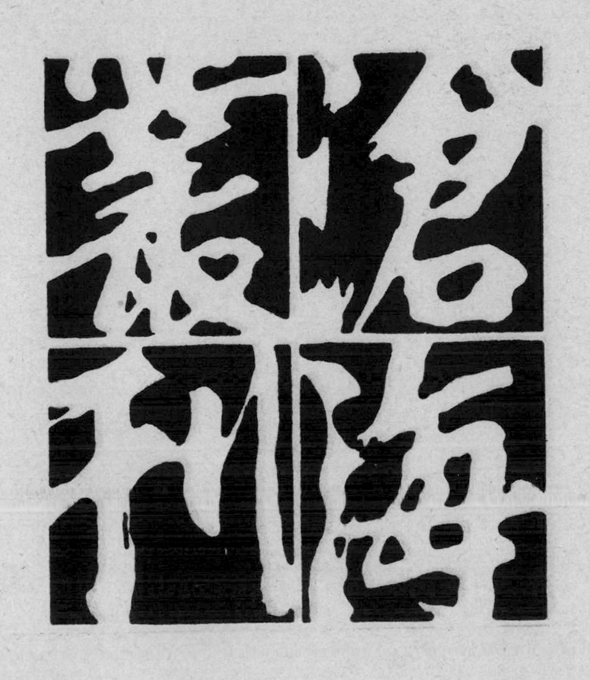

臺灣社會的人文迷思

葉啓政 著

東大圖書公司 印行

國立中央圖書館出版品預行編目資料

臺灣社會的人文迷思/葉啓政著.--初版,--臺北市:東大出版;三民總經銷,民80
面;　公分,--(滄海叢刊)
含參考書目
ISBN 957-19-1336-7 (精裝)
ISBN 957-19-1337-5 (平裝)

1.社會-臺灣-論文,講詞等

540.9232　　80002489

著　者　葉啓政
發行人　劉仲文
出版者　東大圖書股份有限公司
總經銷　三民書局股份有限公司
印刷所　東大圖書股份有限公司
地址／臺北市重慶南路一段
六十一號二樓
郵撥／〇一〇七一七五──〇號
初　版　中華民國八十年十一月
編　號　E 54088①
基本定價　肆元陸角柒分
行政院新聞局登記證局版臺業字第〇一九七號

ISBN 957-19-1336-7 (精裝)

自　序

做為大學裏的社會學教授，我的心頭上始終存著一份兩難的困惑情結，十多年來一直未能完全化解。從西方的學術傳統，我學習到，嚴守教學研究的角色期待，是做為大學教授應具之最起碼的職業倫理。但是，生在這個時代的臺灣，眼看理想被現實吞沒、踐踏，整個社會陷入混濁的狀態，做為修習社會學的學生，却不免又會以知識份子自居，以為把自己深鎖進學院的深宮當中，在旣有之知識體系的格局內，從事學究式之內衍性鑽研工夫，雖可能對長遠的學術紮根很是重要，但是，對化解眼前諸種社會問題，却是緩不濟急，遠水救不了近火，顯得調子太高，也太過奢侈。

其實，我深明白，理論上，從事教學研究和關懷社會事務，並不必然會是相互扞格。但是，一旦考慮到一個人之精力和時間是有限，而且一心多用往往難以把事情做好，那麼，如何在做好教學研究工作與關懷參與社會事務之間尋求合理的平衡點，讓起碼的職業倫理得以保證，無疑地是不能不關心的重要課題。十多年來，對這個問題，我一直難以找到妥貼而讓自己感到滿意的答案。實際的情形總是讓自己在兩頭擺動。不是積極參與社會公共事務而扞格到學校的工作，就是把自己禁鎖在學院內而與外面的世界有了隔離，一直無法做到兩得其美的滿意地步。不過，在如此心靈上不斷的折衝之下，似乎已逐漸摸清自己的心性和能力，也逐漸認清社會的迫切需要，而能夠為自己在兩者之間尋找到可能有的位置。收集在這本書中的九篇文章就是為自己定位的最好說明。

這九篇文章都是在最近五年內寫成的。時間上離現在此刻是很近，因此文章上所展現的觀點是相當貼近自己當前的想法。但是，做為老實的作者，我必須坦白向讀者們承認，這些文章所以會問世，基本上不是單純地基於學術上的專業興趣，也當然不是展現作者的專業學養，而是在朋友們的邀請下，為研討會或刊物而寫的。只是，十分地湊巧，這些文章大致上有一個共同的關懷主題——人文理想的形塑。用這樣的主題意識來討論教育，本來就是我一貫的主張；同樣地，檢討整個臺灣社會的問題，人文理想的形塑正也是用來引發問題意識與批判社會的參考點。這是我何以使用「人文迷思」來當成書名的主要原因。

一向，我卽不喜以科學家自居，而深不以為社會學家有保持價值中立與實無客觀的可能，更以為無此必要。相反地，我深信，做為一個學者，尤其做為知識份子，他有正當性對某種價值認同，甚至宣揚某種價值。我甚至以為這本就應當是做為一個社會學者可以有，也無以避免的態度。只是，在策略運用上，他應當保持以忠實於理性論辯的方式。以理服人，而不以力懾人，並且尊重異己，是認同、宣揚價值的基本倫理，也是必要遵守的信念。在此前題之下，一個學者在宣揚某種價值理念時，他有義務把他所持之基本哲學預設向讀者說明清楚。這是基本的倫理。在這本書中，强調人本位而重自由、公平、慈悲關懷之人文精神，正是作者所欲肯定的價值。一切的論述與批判，都是以此為出發點，這是在此必須先指明的。

說這九篇文章是應人情之邀而寫的，那是就情境而言。如果就心意動機的角度來看，這可以看成是，借著社會學家之專業身份的方便，作者為了在學者與知識份子之雙重角色間尋找妥協平衡點的一種緣便作法。以文字對臺灣社會或其中一些問題從事論述與批判，一方面既可維持學者的角色期待，另一方面又可以圓成知識份子對社會奉獻心力的使命感。這樣的實踐行動或許太過溫和、保守，也有夠溫吞，但却是尋找角色槓桿平衡最保險，也是自認最合乎自己之心性和能力的作法。

除了第九篇文章之外，對其餘八篇文章的安排，需要略加說明，以方便讀者閱讀。在說明之前，有一件事必須先交待。讀者們不難發現，在這些文章中有些論述是重覆的。這原是不可避免的，因為這些文章原是分別應不同場合與時機而寫的，為了保持論述邏輯的完整性，也為了使概念表達順暢，議題相近的文章自就不免需要把一些共同的概念與論題都提到。況且，作者所學有限，孫悟空七十二變，也逃不出如來佛手掌，才疏學淺，實在提不出更富創意、更新鮮的東西來了。這點尚祈讀者見諒。

在第一篇「開創人文理想的新境界」中，透過對外控訴性開展出來之西方人文精神的批判，把作者心目中的人文理想表現出來。這可以看成是理解其後之文章的楔子。第二篇「當前臺灣社會問題的剖析」是對臺灣社會之問題的總論。作者以理想與現實形構間有嚴重之名實分離現象來勾勒問題之癥結。其中之主要論述重點，事實上還是肯定人文理想乃形塑問題意識的要件。第三篇「當前臺灣社會重利愛財之價值取向的解析」可以看成是第二篇之論述的延續，企圖把當前臺灣社會中最凸顯之「問題」現象點出來。事實上，此一重利現象已成為社會裏極為普遍的價值取向，其影響所及的不只是一般百姓的生活世界，而延伸到整個政府的政策，其中教育（尤其高等教育）政策的釐訂尤其是明顯。這正是第五、六、與七等三篇所討論的重點。

第四篇討論的是有關所謂「中產階級」(尤指「新階級」)的文化消費與意識形態的問題。某個角度上，這個階層在主觀上常被視為是社會未來圖像的試金石。它的文化品味代表發展的未來模樣，具有啓動的作用。我把它擺在這兒，具有理解上承先啓後的意思。一方面承續前三篇帶整體意味的論述，把問題引到這個具關鍵意涵的階層；另一方面由此一在文化上具試金意涵的階層屬性帶出整個大學教育的問題。第八篇「心理衛生」的文化批判，文字很短。原是為一個研討會的主題對談而準備的，按理，在沒有重新擴寫之前，實在不宜收編進來的。但是，我深知在近期中實無暇改寫，而此一問題却十分的重要，實有讓讀者共享的必要。所幸，個人主要的觀點在這篇文章中大致都提到了，因此，也就把它編進來。

説老實話，就主題而言，最後一篇與其他文章並無直接的關聯，可以說是多餘的。我所以把它收進來，只有一個意思，那就是讓讀者有機會知道「社會學」這一門許多人尚未十分清楚其內涵的學門在臺灣的發展史。如此，一方面，替社會學做點推廣之作；另一方面，也讓讀者們有機會瞭解所謂「以社會學觀點」來看問題，到底是怎麼一回事。

聰明的讀者看到這兒，應當可以看出，我所以寫這些東西的動機其實很單純，是因為關懷這個社會，希望這個社會走得更有理想性，更合理、更公平，也更具有人文氣息。這樣的寫作，與其說是學院象牙塔內的學術作品，毋寧說是知識份子回饋社會的一種實踐方式。只不過，我在寫作時，在形式上把它「學術」化，為了是讓自己安心，希望在學者與知識份子的雙重角色之間尋找到一個平衡點而已。其實，對讀者們而言，我個人的動機與態度為何並不重要，重要的是我的意見是不是為大家所同意，或借此激盪出一些力量來。對於這，說真的，我不敢心存奢望，畢竟，這有待讀者們自己來評估，一切勉強不得。

葉　啓　政　識於

臺灣大學法學院研究室

1991. 10. 20

臺灣社會的人文迷思

目　　次

開創人文理想的新境界

一. 引　言

自古以來,「人文化成」被中國人視爲成就人格、開展生命的至高無上目標。偉大的人格莫不具備人文化成的品質。《尚書・堯典》稱堯爲「文思安安」,《舜典》讚舜爲「睿哲文明」,而《大禹謨》譽禹爲「文命敷于四海」,在在是例子。《易傳》中的一句話:「觀乎天文,以察時變,觀乎人文,以化成天下」,更是很清楚把意思點了出來。

人之所以被看成是萬物之靈,而與禽獸之異「幾希」之處,最爲突顯的卽是這種人文化成的潛能。奧國哲學家 Cassirer 在《論人》(*An Essay on Man*)一書中卽指出,人之不同於其他動物,其最明顯的特點乃在於人懂得、而且善於運用象徵符號,編織出一個充滿符號的人爲世界。這樣子來看待「人文化成」,自是從正面的意涵來觀照,強調的是豐富生命內涵,也使文化成爲可能,並且呈現複雜多端的面相。

按理,人文化成具有淨化、完美人格的妙用,也有成就和諧社會的意思。然而,正因爲人類善用象徵,而且陶醉於創造象徵,文化的豐裕往往激發了更多的慾念,也因此爲人類文明添加更多的負擔。早在兩千年前,老子卽看出了這種困局,明白地指點出來。他說:「大道廢，有仁義；慧智出，有大僞；六親不和，有孝慈；國家昏亂，有忠臣。」

根據老子這樣的說法，我們似乎有理由說，人文化成雖然可能化解人類的乖戾之氣，使社會臻至和祥的境地，但是卻未必有使之充分實現的絕對保證。其實，情形可能正是相反。它可能使得人類文明陷入自我創造的對立和矛盾的循環困境。因此，固然化解對立和矛盾是推動文明的動力，但是，化解的結果並不一定是以簡馭繁，化有爲無，而是孕生另一種更繁複的對立和矛盾的情境。如此互孕互生的過程使得文明是更形豐富，但是問題卻愈來愈複雜，糾結也隨之愈演愈棘手難解。其結果是，文明爲人類的心靈帶來了更多的焦憂和緊張，也衍生更多的未知和疑惑。我們看到表現在人與人之間的，是更衆多、更強烈、更近乎無休止且繃緊的鬪爭。這可能表現在不同的世代、性別、種族、或階層之間，也可能表現在具不同理念的社羣之間。面對著這樣的文明發展的歷史軌跡，人文精神帶來的並不只是更多的理想和希望，而是更多的困惑和幻滅。或許，這正是我們這時代的問題癥結所在吧！

二. 人文理想的現代風貌

Spengler 在《西方的沒落》一書中，以浮士德精神來刻繪現代西方文明，實是獨到之見地，引人省思。他以爲，在這樣的文明裏，衝突被看待爲存有的本質。人的生命意義就在於掌握自我中那個特立獨行的「我」，運用意志一再且無窮地努力克服並衝破衝突所編織的阻礙羅網。生命因而是自我意志無盡的創造和求變的努力過程。這是人自身以優勢者自許之「極限之主動」的一種自我完成。在這努力中，人用信仰和工作來證明「我」的存在。任何對鄰人的「你」的尊敬或對物的肯定，推至終極，只爲了成就自我中那個「我」的快樂和不朽。

從歷史的眼光來看，這樣的自我觀正是西方人文理想開展出來的一種衍生信念，是西方人歷史活動的文化結晶。大家都清楚，這樣的思想至少可以追溯到意大利的文藝復興。從那個時代開始，西方的人文理想逐漸由以神爲中心的世界觀中放釋出來，轉而以人自身爲本位來建構世界觀。人本思想結合了以基督博愛精神開出的人道主義，爲西方的人文理想開拓一條新的蹊徑。

結合人本和人道主義的人文思想，依附在理性哲學下，表現出一套特殊的歷史與文化內涵。經過產業革命與法國大革命的雙重洗禮，這個內涵更加的明確，也因此形塑了整個現代社會，尤其是民主的工業資本主義社會的風貌。首先，科技的發展讓人類更加堅定人定勝天與戡天役物的信心，自信人是這個世界的主人，他有充分的能力來操控外在的環境。人的幸福意識和文化品質，在「利用厚生」的物化成就之中，於是被確定下來。這是「現代化」之人文理想的第一要義，也是「理性」被證明、被肯定的第一歷史動力。

其次，以自由與平等爲經緯，個人主義爲核心所編織成的民主政治體制在歐美國家中的成就，爲形塑和實踐人文理想，往前推進一大步。雖然，時至今天，帶有濃厚基督宗教色彩之「天賦人權」的民主政治的預設，頗受質疑，有重構的必要，然而，透過理性的制度化過程，民主政治的實現無疑的肯定了人類有闡揚、保障「自由」與「平等」之人本思想的可能。這再度地給予人類更多的信心，以爲人有能力來主宰自我，做自己的主人。這是「理性」再度被證明、被肯定的第二歷史動力，也是「現代化」之人文理想所內涵的第二要義。

假若西方歷史學家與社會學家的研究結論是可信的話，文藝復興乃反映當時意大利「中產階級」的人本自覺意識，也是爭取經濟和政治自主權的一種運動。那麼，資本主義的興起毋寧是透過經濟活動表現人本之人文理想的歷史形式。這種思想在亞當・斯密斯爲首之英法古典政治經濟思想中， 更是表露無遺 。 私有財產制和依附其下的經濟倫理正是表現人本之人文理想的重要面相。尤有進之的是，科技的發展與資本主義的經濟哲學一旦結合了，就順理成章地把人文思想的「物化」傾向，再往前又推動了一步。當然，這也擴展了「自由」與「平等」的文化意涵， 把它由政治層面， 推展到經濟， 進而文化層面上去，完成了其終極的歷史形式。

沒錯，馬克思主義挖開了資本主義是締造異化勞動的根，也披露了資本主義做爲開展人本與人道精神之人文理想的虛偽外衣。他指出了以財產私有制爲要件之自由思想在倫理上所具的不合理性和不義性，認爲只有廢止私有財產制的共產主義形式，才可能充分彰顯人文理想的眞諦。這樣的主張自有其開創性，也有可取之處。然而，這樣的主張，事實上並沒有完全鬆動了人類對科技和民主的信念，更沒有完全動搖了對物化人文理想和「理性」的信仰。因此，不管如何，由資本主義所開出來的人文理想，並沒有因爲有了共產主義的挑戰而被否定掉。「理性」仍然被證明、被肯定，而展現其做爲建構文明的第三歷史動力。同時，這也使「現代化」(包含社會主義的「現代化」)之人文理想的迷思依然存在。這是第三要義，也是當前整個人文理想產生根本動搖的基本關鍵。

總結以上的論述，我們不妨稱人文理想的第一歷史迷思是科技主義的迷思，第二歷史迷思是自由主義的迷思，而第三歷史迷思是物質主義的迷思。這三種的迷思，追本溯源，可以說是「理性」所衍生的歷史形式。「理性」的文化內涵遂成爲瞭解現代人文理想及其表現的基本要件。

三. 「理性」做爲人文理想核心的檢討

祁克果曾說過:「我們這個時代，在本質上，乃是一個沒有熱情，只重理解與思想的時代: 有時雖也發出熱忱，但轉眼又如黠鼠般歸於緘默。」理解和思想是理性的代名詞。它給人的感覺是冰冷，開出來的價值也是冰冷的，科技和法律這兩種「理性」的典型形式就是明例。簡言之，理性的最高社會意義並不在於其做爲抽象之哲學思想的一面，而是做爲具體之文化總體表徵的另一面。這正是我們應當關心的。

揉合了科技、民主、和資本主義三種歷史潮流，理性所內涵的文化表徵，可由控制、效率、效用、與拓展四個成份做特殊的組合來表現。這個組合是這樣的: 理性卽是運用最有效率的方法、程序、資源等等來控制外在環境和其他人，以收拓展自己所有的最大效用。這樣的理性文化表現最爲明顯的莫過於是科技與科學管理。依循如此的理性法則，其背後的根本理想是對「有」做充分的肯定。「有」衍生的是「擁有」，「擁有」衍生的是「控制」。因此，由此理性所開出來的人文理想是肯定「擁有」，並且講究「控制」的，其所闡揚的是外控的生命哲學，首先必須確立的是人的存「有」，而不是存「在」地位。

Kant 在《實踐理性批判》中，對人的存有地位有一番精闢的詮釋。他說: 「每個人都應當被尊重且被承認他本身的絕對目的。因外在目的，把一個人當作工具來使用，便是侵犯了人天賦的神聖權利。」

於是,「人是一切的目的」成爲道德的先驗基礎。如此把人當成主體,也是目的的存有論,原是西方人本爲主之人文理想中最崇高的精髓。但是,一旦把它與外控理性的價值並擺在一齊,許多的問題就隨之產生了。

「人是主體,也是目的自身」的先驗道德預設,是使「自由」與「平等」所以具有至高無上之價值的前提,而外控理性則更進一步地開展了「自由」與「平等」的實際社會內涵。就拿「自由」的概念當例子來看,Berlin 的闡述可以說是最爲典型。他說:「我所說的自由,不僅意謂『免於挫折』的意思,因爲滅絕欲望即可以做到這一點,而且還會有『可能的選擇與活動,不被阻礙』的意涵,亦即個人在他所選擇行走的路途上,不被阻礙。……我的社會自由和政治自由的程度,不僅取決於我的實際選擇不受阻礙的程度,而且也取決於我的『可能選擇』,取決於如果我選擇如此做的話,我在從事這一行爲時,不受阻礙的程度。」

很明顯的,Berlin 這段話把「自由」的外塑性剔透得很清楚。「自由」指涉的是一個人的行動機會;也就是,一個人可能充分掌握的外控機會。無怪乎,他不以爲,靠抑慾克己而獲得的精神自由是他所欲界定的「自由」。如此以外控行動機會之有無和幅度來界定自由乃意味,無限地突破藩籬和解放束縛是人努力的目標,而且有可能實現。這樣的觀點用在「平等」上面更是明顯,因爲「平等」自身就是一個外衍到人際之間的概念。因此,綜合起來考察,「自由」與「平等」的歷史內涵,早已爲「外控理性」的人文理想所界範,其具外化性是十分地清楚。

「外控理性」之人本的人文理念乃內涵,社會資源的「合理」分配是一個最根本的問題。舉凡「自由」、「平等」、「博愛」等等理念，都是定義分配之合理性和正義性的倫理基礎，也是彰顯其可能具有之美學上的意涵。更重要的是，這一切的論說都必需肯定慾望之滿足具有現實上與倫理上的正當性，才可能被接納與成立的。因此，制度化很自然地成爲尋找分配合理性必要的社會機制。準此理路來追溯，民主法治無疑地被認爲是一較具合理性之權力分配的制度化形式。對馬克思主義者而言，則進一步以爲，廢除私有制，實行共產主義的生產與分配制度，才眞正是吻合人道主義，也才是合理的制度化分配形式。否則的話，資本主義旗幟下的民主政治充其量只是保護資產階級，而置無產階級於不顧。這樣的民主政體既不合理，也不吻合正義原則。

在這兒，我們不擬再去細究，到底怎樣的制度方式才能吻合社會正義，也才是合理分配法則。我們要指出的是，尋找「合理」的制度設計與「外控理性」的人文理想之間，在邏輯上有著一定內涵關係。然而，說來，這只是「外控理性」所衍生的消極面，是體認社會之「限制」本質（如傳統、資源之有限性與互制性……等）的一種行動策略。基本上，它是在肯定「限制」之必然性下，尋求讓人文理想（如自由、公平、平等、合理或博愛……等等）有極大的外塑式表現的一種指導性原則。然而，在現代社會中，「外控理性」之所以那麼囂張，占有優勢地位，最主要的還是在於它的積極面。這個積極面最明顯可見的卽表現在人類的文化消費面相上。

使用「外控理性」來定義「自我成就」乃現代西方生命哲學的要義。這意卽：要求人們把意志施用在對「空間」與「事物」做充分的掌握之上。而且，尤有進之的，它要求開拓更寬廣的操弄空間，並且增加幅度與深度。這是一種意義高度被外化、客體化，乃至終究被「物化」的表現。以西歐的歷史爲例。新航線與新大陸的發展改變了當時歐洲空間觀。這樣空間觀的改變代表人類自我的一種成就。繼之，隨著科技的發展，人類似乎擁有更多的利器來證明、闡揚自我的外控成就。這在二十世紀的工業資本主義社會尤其地明顯。

科技和工業資本主義的結合形成一股氣勢如虹的歷史動力。它形塑了具明顯外化和客觀化（以下簡稱「外客化」）的生命感受方式，也開展史無前例的外控型的人本世界觀。譬如，物理學使用「力場」、「位能」、或「向量」等外塑式概念，並強調「容量」，「強度」等可以量化的樣相，取代了古典的「實質」與「形式」的理解方式，即是一例。即使是藝術也不例外。西方油畫中的深度透視法，即使圖像的空間區域，具有無窮之感。人做爲觀察者，他以掌握主體的姿態呈現，可以選擇自己對圖像的距離來確定自己對圖像感受的主宰權。音樂也一樣。人們透過對位和和音的邏輯性，可以「理性」地來掌握音符，使之成爲意志的一種表現形式。凡此種種的一切都是以一個「我」字爲中心，而以「存有」爲依據。

其實，這一切表現得最爲淋漓盡致的，莫過是資本主義之內在邏輯所開出來的消費符號化的文化形式。依據資本主義之「牟利」爲本位的理性生產邏輯，它首先必需肯定滿足、甚至開發人們的慾望基本上是具正當性的。儘管 Marcuse 譏之爲「虛假慾望」，然而，誠如 Bell 所說的，資本主義的經濟哲學必然要依附在把「嫉羨」(envy) 心理加以正當化的基礎上。爲了擴大牟利之本意的社會基礎，提供更多元、更繁複、更便捷的消費品，以刺激消費的面相、增加消費人口，自是資本主義更形發展的必要策略。擺在這樣的結構脈絡來看，外控主導的消費哲學自然是資本主義得以繼續發展必要肯定和宣揚的。

說得更具體些，爲了成就其最大的牟利目的，資本家集團的「外控理性」策略，基本上是企圖以諸如「現代化的」、「精緻的」……等所謂「生活品質」的符號迷思來強化消費大衆的外控哲學。這是一種巧妙的策略運用，在旣有的資本主義結構中制約出一種符號，本身卽是創造消費對象的生活方式。這樣的符號消費已超乎只是爲了彰顯身份或地位的社會功能。使用產品的意涵不在於滿足實質的生理需求，也不只是在於彰顯或證成身份或地位，而是使被制約形塑出來之文化象徵自動地被吸納、消費。就結構動向而言，消費者的這種外控文化消費乃是被操弄出來的。這只是一種資本家及其附庸企圖壟斷、操弄文化象徵，尤其人文理想的伎倆。這中間充滿著現代社會潛在的文化迷思，正是「外控理性」所表現的積極面。

簡言之，由「外控理性」所開出來的人文化成是經由消費外客化之精緻象徵產品爲目標的生活方式來完成。這是資本主義生產體系制約下的集體潛意識。人的存有因此仰仗無限地拓展「擁有」和一再的消費來證明。這樣的自我主體的彰顯被認爲是一種具「建設」性、也是具「發展」性的事業，但是，事實上，它卻隱藏著宰制並破壞自然的胚子。

外塑的人文化成旨在於努力地執著「我」與「有」，而使「有」中生更多的「有」。這是嫉羨與貪婪得以獲有倫理正當性與審美性的關鍵，這樣的「我有」執著使得人努力的目標明確肯定。在此前提主導之下，任何言行的社會辯證動力，基本上是一種具剛性且對絕性的否定式努力。正與反的關係呈現的是劇烈地緊張，且具革命性的對立狀態。如資本主義與共產主義之間、或民主與專制之間的辯證卽如此。它們絕難使辯證關係表現出一種柔性具互相消納與摩盪的樣相。消納摩盪的關係不是對絕式的對立，而是互相包融和涵蓋，其中的轉折正如《易經》所言之陰陽互抱的情形，陰中有陽，而陽中抱陰，彼此摩盪。正與反之間屬性因此並不明顯的對立，也不是完全對絕，其間有的只是一個「變」字而已。

在西方的人文理想傳統裏，「異化」是一個很重要的概念。根據 Hegel 的意思，異化指的是，人所創造的東西脫離了原創造者的掌握成爲一個獨立體，甚至反過來宰制了原創造者。Marx 進一步對這樣的現象賦予以近乎倫理應然式的評價，以爲這是不應該的，可以、也應當消除。如此的看法，推其理路，必須先接受「人應當（甚至是有權）擁有其創造物」的倫理意涵之預設。這樣的預設基本上必要把「我執」當成定義存有的不二基礎。否則的話，人與其創造物之間的應然倫理關係就不必然存在了。拿佛家之「緣」與「空」的看法當成反例來對照，這個預設對異化概念的必要性更能彰顯出來。

現在，姑且不論「異化」的倫理或意識形態意涵應當爲何，因「外控理性」高度的系統化發展，我執的「異化」現象，變得更加明顯，而且只要被人們認知到，其對個體自我的形塑勢必帶來莫大的壓力。當人們爲了謀求更有效的外控而愈來愈講求系統化，他勢必運用知識創造更多而且更繁複的特化形式。如此演變下去，我執的自我意識自然就會愈來愈備受制約。這體現在今天的科技工業資本社會已經是相當的明顯。

在現代社會裏，挾持邏輯和科學方法爲後盾的種種系統化的「理論 — 行動」鏈，基本上即具有「朝向」普遍性的傾向。這是系統理性所內涵的霸道性格。首先，系統化一旦形成且蔚成潮流，原用來形塑的主導共識性前提會逐漸變成「理所當然」，終於隱而不彰地退了位。這是異化所以產生的必然現象。取而代之的是系統鏈之內在理性邏輯發揮作用。它代表程序的權威正當性，主宰了行動的進行。準此，建立在某些共識預設且透過邏輯與科學方法所開出來的知識體系，遂成爲支撐系統化模式具有優勢地位以指導行動的依據，而有效的外控能力進而決定了系統化模式能否繼續維持優勢的條件。

在系統化的統攝下，我執的主體意識透過集體意志的凝聚轉化，使人相信有能力，也必須一再掙脫歷史傳統形式的束縛，才得到充分的自我發展。系統化於是乎意涵力量，而由此力量所推動的，在科技外控理性的支持下，乃內涵著內在的不斷進步。此一代表「進步」的系統文化於是具普遍性，其特質是「未來的」。它企圖在「未來」的時間光譜上突破空間特殊性的限制，把整個人類的生活世界納入其統攝之中而成爲一體。

尤其，科技工業資本主義的體制強調的是創新和求變。此二內涵價值一旦被系統化，其威力更是勇猛。創新和求變不但意涵需要以慾望做後盾，更意味開展慾念。它增強了人對「戡天役物」之外控理性的信心，更鞏固了一切朝向系統化的正當性。於是，「進步」的概念卽由這樣的理性結構開出來。社會變遷亦卽指向不斷的進步。

而一旦「進步」被系統化結果是促使價値標準化，呈現定型普遍化的特徵。「現代化」的概念卽是一個明例。在此一視爲具普遍性的理念支配下，所有文化之歷史特殊性都被拿來對照，而甚至一一被否定掉。如此，長期下來，整個世界被標準化，終成爲一個龐大的「理論 — 行動」系統，並且以「整體」的姿態出現。

隨着系統日益發展，人文理想原先所欲化解的問題，如「個人與集體」、「自由與限制」等所內存的矛盾緊張格局更變得形潛隱，充其量只存在於少數個人的心靈之中。我們所看到的是，「外控理性」的集體形式 — 如法制的科層制、科技系統、資本主義的生產體系，以相當系統化的優勢姿態君臨天下而凌駕在人們頭上。個人的「外控理性」內容於是必需依附在系統化的「外控理性」之下，才可能實踐。喪失了爭取充分獨立自主之自由可能性的能力，甚至是逃避了它。推到極致，人反而變成是被系統化的人際組合操弄的符碼，個人的我執也爲系統化所確定、強化。自由也因此在系統化所操控範圍內被定義。人的存在價值變成只是對應系統化的人際組合的「功能」，而不是由自我往外開展且具原創的「意義」。基於維續其整體性之運作的必要功能，系統化的組合消化了人格，也因之界範了它。到頭來，獨立「人格」消失，有的只是「角色」；「價值」淪喪，有的只是「價格」。

四. 開創新人文理想的芻議

上述「外控理性」之人文精神一再發展，會導使自食其果的情形發生。「外控理性」原有基於人本精神，以彰顯人本位之理念的意涵；同時，它也是企圖以制度化形式來發揚人道主義（如改變生產關係的形式與種種福利制度的設立）的動力。這樣剛性、對絕性的實踐形式，在轉化成爲系統化的制度後，產生了異化的現象。而且因其日益交錯膨脹，終成爲一個龐大的隱形怪物，倒轉過來抑制了以個人爲本位之人文理想的闡揚。這導致人類文明產生了如 Jasper 所謂的「只有生活而無存在，只有迷信而無信仰」的情形。人文理想的實踐發展至此，其意義已不只是建設，而變成是一種破壞。最爲明顯的是，科技一再發展，資本主義牟利原則一再開拓、刺激「虛假」慾望，終使資源一再被開發、被掠奪，而侵犯了維持人與自然之間和諧關係的最低極限。無疑地，這是當前思考人文理想的一大重點。

在前文中，我們提到，「朝向」普遍性的系統化破壞了、更削弱了特殊歷史性。透過邏輯與科學方法，系統化的結果使人肯定「簡化」、「精確」、「計算」、「標準化」、與「立即滿足」的價值。文化內容是愈來愈多元、繁複、多變，但卻逐漸喪失欣賞「雅緻」、「矜持」、「節制」等傳統情操的心境。面對這種反歷史的潮流，人類實有重新認識自己之歷史處境的必要。

弔詭的是，「外控理性」的人文理想原是理性的一種歷史表現形式，其目的是爲彰顯人本之人道精神，具有解放束縛的意思。然而，如今卻推到極致，卻把原本人文理想所具倫理與審美之高尚感性情操給削弱，甚至剷除。基本上，這是反理性的。如此工具理性過度膨脹，把人存「在」之終極價値問題存而不論地當成理所當然，正是我們反思的起點。尤其，在資本主義之「牟利」經濟邏輯支配下，人類迷信科技，科技甚至已成爲鴉片，它使人中了毒。人眞有戡天役物的絕對能力和把握嗎？這更是我們應當思考的問題。

今天，企圖以突破科技來克制或消除科技所帶來之人爲禍害，基本上將是無效的。這是一種「以毒攻毒」的自殘行爲，是不智，也不合乎理性、更是不人文的。我們所應思考的不是如何使系統性更爲完整，也不是如何矯正偏差以返常態的問題，而是更根本地對系統完整性的人文意義重新思考，也對「常態」的倫理與審美地位有所反省。而，這些問題之根源可以說是在於「我執」之生命哲學所具的人文意義上面。

面對如此以「我執」爲本之「外控理性」文明，否定的基本動力是「緣便」爲本之「內控理性」。內控的對象是自我，而外控的對象則是其他人或外在環境；內控的指向是對自我慾念的節制，而不是外控所蘊涵之慾念的無限開展。倘若內控有「無限」的意涵，那麼，這是透過自我節制之心靈洗鍊，內在心靈產生無限開展的精神意境。佛家的「空」與道家的「無爲」觀念就是這種意境的一種詮釋與開展方式。然而，內控當成理性開展的基線，基本上不必要完全否定人類所創造的種種外塑表相體，也不必要完全揚棄外在的物質。其成就表現的基體在於適當之「態度」的形塑。這是本文論證最爲關鍵的地方。

人必須仰賴環境提供物質，才能生存。人文化成外在的物質，更是人絕對不可能避免的現象。因此，縱然絕滅慾念是指導內控理性的終極價值，其意涵並不是完全否定物質文化體的存在（況且這是事實上不可行），而是爲慾念尋找一個妥適的位置。這個定位即在於建立「緣便」的態度與「與自然契合」的生命價值。

不同於外控理性對慾念的滿足和開拓給予無條件、積極且正面的肯定，所謂「緣便」態度講求的是如佛家所言的取「隨緣」和「方便」的生命觀。而，這種生命觀又必須以力求與自然（非人工）契合的和諧觀爲鵠的，否則，就無法妥當地依着。換句話說，我們必須放棄以人爲力量一再地征服自然，以來證成「人定勝天」的人本精神。相反地，我們應當努力學習欣賞與接納配合自然和保留自然的態度，並且以之做爲倫理與審美上的至上價值。這樣的態度未必要求我們做到完全絕滅慾念，但至少可以使人與自然之間保持一種盡致和諧的美感境界。

「緣便」的態度一旦形成，人們就很容易培養「惜福」的生命觀。惜福是珍惜、肯定，並且尊重己有的。愛的情操也很自然地會從這樣的前提之下發揮出來。惜福的對象不但是針對外在的自然，同時，也指向人與人之間因緣便而建立的關係。存在的價值不是由佔有式之無限開拓來完成，而是由珍惜緣便而形塑之「既有」來肯定。如此的肯定，很明顯地，必須依賴「自制」之生命態度來完成。於是，自制成爲表現人之所以爲萬物之靈的指標。透過自制，人類學習如何在物質和精神之間尋找平衡點。

在此，我們需要進一步地指出，以慾念自制之內控理性做爲對慾念無限開拓之外控理性的辯證方式，並不是一種剛性對絕式的否定，因爲我們仍然尊重俗世現實的立場， 並沒有主張完全絕滅慾念。因此，這是一種柔性消納式的否定，乃以自制來緩衝、消化外控理性的極端主張。它有賴人的智慧、尤其修養來體會。靠着精神上的努力來創造一種生命倫理學和美學。它不能再是如外控理性的哲學，讓個人與集體、自由與限制、明與潛之間關係表現絕對且矛盾的對立，也不能只認定衝突的正面意涵，迷信依靠「制度系統」即可以化解矛盾對立所帶來衝突與緊張。

況且，系統化的一再膨脹，已導使人主體的實踐功夫愈是依賴客觀化的制度化形式來完成。自我實現的外化，使人與人之間需要互賴，但永遠有着一份孤獨感，因爲這是一種冰冷、功能互補的理性互賴關係。在這樣互賴條件下，人與人的關係不是感性、熱情、全然無保留、源於同質且至愛的基礎。是的，在強調外控理性的文明中，尤其經過民主政治的洗禮， 人是有自由， 但這是一種系統化形式籠罩下，具統一形式的自由。這種自由是孤獨的，追求的是絕對外在的形式。因此，現代人自由愈多，但卻也愈感到孤獨。

總地來看，「外控理性」所開展出來之人文理想的重點乃是，在無限開發資源的前提下，以人爲本位，表現在人與人之間對資源使用的分配問題。其所指涉的，可以是政治權力或經濟利益，也可以是文化消費。但是，「內控理性」所開出的人文理想不一樣。它強調的不是以人爲本位，而是以「人 — 自然」一體之「天人合一」狀態爲主體。由此所衍生之問題的重點，很明顯的，並不只是人與人之間有關種種社會資源的合理分配問題，或如社會學者 Davis 與 Moore 之社會階層功能論所開出來有關報酬機會之功能理性的問題。它所內涵的更爲深邃，乃關於人與自然之間資源合理取用的問題。這是有關「意義」的詮釋問題，也是人與自然之間合理分配使用的問題，涉及的是社會與政治哲學之根本前題的重建問題。

自然是定靜，人是變動；自然的資源是有限，人的慾望是無限。因此，「人 —— 自然」一體的人文理想基本上是：如何以自然有限之資源、形式、與空間來消納人的慾念與創造力。其方向應當是把人之創造力表現在挖掘心靈深處的自制理性。唯有如此，才能夠透過所凝聚的社會力形式，把外控理性所帶來之外塑性消費文化性格消化並辯證掉。「自制」於是乎是未來開展人文理想的核心，也是表現人文倫理的心理基石。老子的一句話，可以作爲註腳。他說：「絕聖棄智，民利百倍；絕仁棄義，民復孝慈；絕巧棄利，盜賊無有；此三者以爲文不足。故令有所屬，見素抱樸，少私寡欲。」準此，「素樸寡欲」恐怕是人類迫切需要學習的高尚情操。「柔以克剛，靜以制動」的道理，實値我們深思其中之奧妙。

五. 落實「內控自制」之人文理想的方案
——代結語

假若發揚內控自制的人文精神乃爲人類文明開創新境界的基本方向，那麼，單單化「我執」爲「衆執」是不夠的。畢竟，「執着」使人之慾念始終是蠢蠢欲動的。套句佛家的話，它到底還是「業障」的根源。因此，根本翻動「我執」，培養「緣便」的人生觀，才有成功地成就「內控自制」之人文精神的可能。欲達到這個目標，首先又得破除「外控理性」的歷史形式，卽科技主導的資本主義和科層制（包含政制在內）的結構形式。

「資本 —— 科層」體制乃外控理性之內在邏輯所衍生的形式。它是緣果，不是緣因。基於這個緣故，卽使對資本主義之生產形式和科層制的外控效率原則進行革命性的改造，也無法消除「外控理性」的膨脹。改造要有成果，只能從體制之外緣「伴制」(contingent) 結構開始進行。此一動力即所謂的「民間社會」。

以「資本 — 科層」體制的立場來看，民間社會是此體制的外衍體。雖然如此，它卻要承受「資本 — 科層」體制之外控理性的邏輯所釋放出來之能量負荷的壓力。不過，基本上它尙保有相當自主的契機。也這就是說，後者受前者所伴制，但並不必承擔其邏輯演繹效力所釋放出來的全部能量。因此，「資本 — 科層」體制的邏輯之所以可能滲透民間社會是有「但書」的。這「但書」條件十分地複雜，因社會之特殊文化和歷史背景而有所不同，而其所展現的性質影響「資本 — 科層」體制吸納民間社會，並使之臣服於系統化之控制的能力。總之，「資本——科層」體制的理性邏輯並不必然包涵民間社會。前者的共識性前提也不必然爲後者所承認。民間社會的共識性前提，基本上是開放，也具有原創的契機。這正是社會何以有變遷之可能的關鍵。開創一個新的共識性前提，常常是民間社會力量得以發揮的基本要件。

根據上面的論述，如何壯大並宣揚「內控自制」之民間社會力量，順理成章地成爲消納「外控理性」開出來之「資本 — 科層」體制過度異化膨脹的必要社會機制。這是一個重建社會秩序基礎之共識性前提的正當化工作，也是爭取理論領導權的權力競爭過程，更是開創一具高度自我辯證之開放系統化社會的條件。於此，如何避免系統化形成後之內在邏輯可能帶來的異化現象，自然是十分重要的問題。換句話說，如何使系統化具有自我消納否定與蛻變的開放能力，是一個必要思考的問題。從結構觀點來看，使民間社會，尤其具系統性開放之民間社會力量茁壯，爭取到領導權以作爲制約「資本 — 科層」

體制的動力，而不是適得其反，是必要、也是惟一可行的策略。

那麼，什麼是使系統化自身具自我消納否定之開放性的民間社會呢？具體來說，它必須具備有「內控自制」、且強調天人合一和諧精神與愛心的特質。以當前的民間社會力量來看，環保團體與各種宗教或準宗教團體（如知識界）是主要的動力。針對環保團體而言，眞正能夠發揮力量的還得是基本上反科技與反外控理性宰制的環保團體。換句話說，仍然接受科技主導與承認「資本 —— 科層」體制之正當性的環保觀念，並沒有辦法根本翻動「外控理性」所內涵的暴虐異化體質，它有的只是一再地妥協與無窮止的讓步。因此，爲了達到根本翻動且消納外控理性的反人文歷史形式，環保的觀念實有待重建。它必須是以天人合一爲主之人文理念爲其核心動力。

尤有進之的，爲了茁壯「天人合一」之環保力量，建立以「愛」爲本的「內控自制」政治哲學，更是必要的前提。這有待民間來形塑，其動力應當是來自宗教與知識界的組合。唯有運用這股來自民間的社會力量來形塑一股新的政治與社會理論，透過開放的民主形式，爭取平等運用自主且不受政治與經濟勢力牽制的敎化機制（如學校、大衆媒體）的機會，才有保障具有公平的對話情境與實踐機會，人類文明也才有翻身的可能。因此，自由開放的溝通條件是絕對必備的，這是爭取言論與行動之領導權不可或缺的先決結構條件。

（原文刊登於蕭全政主編《文化與倫理》。國家政策研究資料中心。1990）

當前臺灣社會問題的剖析

一. 前　言

佛家以衆生因欲發心意而生苦惑和苦業。在娑婆世界裏，人五蘊煩身，業惑束縛，芸芸衆生莫不盡在煩惱當中渡過一生。《華嚴經·十地品》中即道到：「衆生惑見恆隨縛，無始稠林未除翦。與志共俱心並生，常有羈繫不斷絕。」社會是一種「共相」的呈現。相隨心生，只有透過人們的認知，並加以理解詮釋，其意義才可能剔透出來。因此，一旦人們把煩惱羈繫之心施及於外，關懷眷顧起衆生的事務，社會共相的「問題」感受也就自然而然地衍生出來了。

美國社會學家 Nisbet (1971:14) 曾指出：「不管社會是多麼地簡單和穩定，沒有可能完全免於社會失序和偏差的困擾。」Durkheim (1972) 在論及犯罪現象時，也提及到：在任何社會中，犯罪都必然會產生的，而且它還有著一定的正面意義。他以爲，適量的犯罪乃使社會道德秩序得以被肯定，也是社會穩定所必需的。因爲如果沒有人們偶而觸犯規範，社會裏就沒有可以一再肯定基本道德規律的場合和機會。這樣的論述方式看起來既吊詭，帶有詭辯與犬儒式的嘲諷意味，但是，「正常」必須靠「異常」才能襯托出來，本就是定義的問題，也正是俗世裏人們的認知常軌。一個現象是否構成「問題」，何嘗不是攸關社會的共識「定義」的問題。在人們的日常生活場域之中，問題總是被人察覺、定義、歸類、詮釋，才可以被確立了下來❶。

既然問題總是人們從「客觀」現實當中去察覺與認定，人又是不時地尋找意義，發掘問題，感受問題，於是，問題一直在滋生，一個接一個地迭現。在此情形下，社會根本沒有臻致完美無缺之理想境界的可能，現實與理想之間永遠存有著一段的距離。不過，話說回來，縱然人們可能如此命定地「認清現實」，奇怪的是，總有些人還是堅定地執著理想，以為只要持之有恆，導之以「正確」的方向，自可扭轉乾坤，把偏失糾正過來。至少，容或問題之根源無法完全淨除，也可以稍加抑阻，使之不至於蔓延得更為嚴重、更為猖獗。

從現實的角度來看，任何抱持理想以力挽狂瀾來改造社會的努力，或許都是枉然，也是愚蠢的，但是，這卻是一股力量，展現出人的主體意志，也給予人們一份希望。其所剔透的正是人之為人可敬、可愛、和神妙的一面。倘若人的世界只是由現實簡單地來堆砌，那將十分的蒼白，也十分的無奈，更是十分的無助。人的世界唯有靠理想來凝塑和證成，才可能顯現出熾熱的活力。因此，人之所以存在和所以努力的意義，並不在於有沒有能力或可不可能完全化解問題，而是能否有抱持和貫徹理想的那份清純執著。誠如中國古諺所云：「成事在天，謀事在人」，人們應當在乎的，或許不是事情成了沒有，而是做了沒有，也是怎麼做的問題。只要努力讓現實更接近理想一步，縱然只是短暫的小小一步，也都足以證成了人存在的價值。

二. 梳理社會問題的基本理路

任何社會問題，推其緣由，總令人感到錯綜複雜、變化多端，很

---

❶ 關於社會問題的定義，參看葉啓政（1984）。

難耙梳出一條大家可以共識的清楚理路來。情形甚至是，不梳理則已，一旦梳理起來，更加令人困惑，有「剪不斷，理還亂」,頭緒愈理愈紊亂的感覺。把這些話用來刻劃當前臺灣社會問題的梳理工作上，應當可以說是相當恰確的。

與美國、中國、蘇俄等國家相比，臺灣是地小，人口也少。但是，痲雀雖小，五臟可是俱全，臺灣社會問題之繁多、複雜、與嚴重性，理論上來說，並不亞於上述的這些社會。他們有人口問題，我們也有，甚至更爲嚴重；他們有都市問題，我們也有；他們有犯罪問題，我們也有。把臺灣當成是一個具自主性的社會來看待，理論上，其所可能呈現的問題，並不會因爲土地的大小或人口的多寡，有數量上的不同或嚴重程度上的差異。事實上，由於臺灣地區特殊的歷史、文化、政治、經濟、和區位條件，展現在我們面前的問題莫不糾結著衆多複雜的因素，其中曲折與難解的程度，自不亞於其他的社會，甚至有過之而無不及。

不同的問題自有其特殊的性質，也有其特殊的成因，彼此之間不宜、也不能互相化約，更不能於其間輕易地劃上等號來處理。譬如，人口問題就不能化約成爲都市問題，都市問題也不能化約成勞工問題，勞工問題更不能化約成貧窮問題，而貧窮問題自不能化約成犯罪問題來看待。凡此種種，如何於諸多問題的特有性質之間梳理其理路，無疑的是一項艱鉅的知識工程。

基於以上的論述，按理，我們實在很難可以不顧各個問題的殊相，而把形形色色的問題全部化約囊括在一個框架內來討論。但是，我們以爲，萬相不離其宗，萬流終歸其源，殊相再是繁複多變，終必可在概念上尋找共同軌跡。撥雲見日，覓尋此等共同軌跡正是理解問題之癥結必要的工作，也正是本文希冀完成的目標。不過，我們也深深明白，社會猶如萬花筒，本無唯一的眞相。萬花筒每轉一個角度，其內的圖案就會變個樣子。對這些形形色色的圖案，我們根本無法分辨出何者才是眞正的，何者才是僞假的。事實上，其間根本就無所謂眞僞可言，每個圖案所展現的可以說都是社會的「相」，都是實在的，也都應當嚴肅正經地加以關注。它們之間會有所不同，只不過是因爲所採擷之考察角度不同而已。準此觀點，我們在此所企圖勾勒的「社會」，事實上充其量只是反映某種立場所形塑出來的圖像而已，它絕非唯一僅有的「實在」。

以上述的論說爲基礎，我們選擇了理想與現實之間有著「嚴重地」脫節，做爲勾勒當前臺灣社會問題的主要論述線索。倘若日常生活中人們的感受和經驗乃是社會學重要的議題的話，那麼，我們的問題就在於：(1) 這個社會的理想何在？(2) 對照此一理想，現實的展現又是如何？(3) 兩者參照之下，是否眞的有著「嚴重地」脫節，其判準又何在？這些都是下文中之論述所不能不關照的問題。

首先，讓我們申述「理想」的社會學意義。基本上，在人的社會裏，「理想」是人們腦海中的一種期望思想，也是人們心頭上的一種關懷感受，而以一種形構化的方式呈現。一方面，它產生起動、激發人之動機和認同的作用；另一方面，它乃形塑集體價值、信仰、與規範的集體設計，成爲推動社會發展的動力。因此，任何的社會理想形構乃是針對該社會中成員的日常生活世界而來的，它提供人們正當化其日常生活行動的倫理性與美學性之論說依據。

理論上來考察，任何的社會理想形構都必然包含兩個面相。其一是有關社會存有本質在哲學人類學上的倫理應然和實然預設命題（如人生而自由且平等、天賦人權、人之慾望應當充分地予以滿足、勞動是自主而不能異化的……等）。這形構了「理想」之社會哲學的理論面相。其二是由此命題與理論所衍生的具體表現結構形式（如代議制的民主程序、自由放任的經濟理論、或講求忠孝節義的社會規範結構）。綜合二者，即形塑了「理想」的社會學內涵。因此，所謂「理想」乃包含存有哲學命題與理論和其施及於特定歷史與文化情境所開展出來的具體表現形式，而此兩者之間在意涵上要求有一定的演繹邏輯關係。也就是說，其關係必須透過一定的「理性」程序來檢證，才能把它的正當性確立下來，也才可能使理想得以充分地證成於現實的日常生活世界之中。因此，任何實際表現結構形式一旦扞格到此一社會存有哲學之倫理意義形構演繹出來的理想表現形構模式，都可能產生「正當性」危機，隨時會被質疑、挑戰、顛覆、甚至取代，社會之「問題感」也於是乎會伴隨而來。

審諸上述的兩個面相，由於日常生活世界才是人之社會活動的主要、甚至是唯一場域，因此唯有讓理想形構擺回到日常生活場域中適切地加以「習慣化」，才能眞正發揮其作用。職是之故，任何社會理想形構都得先賦予以制度化或至少準制度化的結構形式，其社會意義才能被正當化，也才能充分地發揮。透過社會化和社會控制的機制，讓理想形構轉化成爲日常生活世界中人們視爲「理所當然」的自然態度，於是乎是保證理想形構能被證成的基本要件，也就是說，任何結構化之社會理想形構的內在「理性」邏輯形式，必須充分地被內化成爲人們日常生活世界中實際採行的實行邏輯法則，其社會意義才能有效地被展現（Bourdieu, 1977; 1980）。

基於這樣的理路，社會理想形構能否有效地被證成爲日常生活世界的實行邏輯而不至於產生問題裂罅感，就得取決於兩個層面的雙元要件。其中一個層面涉及的是內衍理性的雙元要件，而另一個層面涉及的是外涉非理性的雙元要件。前者的雙元要件指涉的是：（1）哲學的存有預設理論與社會學的表現結構法則「自身」是否各自均具有內在(「理性的」)邏輯一致性。(2) 當施及於特定歷史與文化情境時,存有預設理論與表現結構法則之間的轉化是否也具備「理性的」邏輯一致性。後者的雙元要件指涉的則是:(1) 理想之存有預設命題是否能夠彰顯人與社會的主要面相,產生懾服的魅力以吸引人們膜拜、膺服而採納爲其價值且信仰之。(2) 理想之存有預設命題與其衍生之表現結構法則是否具有優勢性,足以產生使人不能不屈從的動力。其中最具決定性的卽有關「生機控制性」的性質❷。基本上,此一要件乃涉及不同之理想形構彼此之間的競爭能力。舉凡理想形構本身對人性的掌握、貫徹人性之策略的有效性、與該社會日常生活世界既有之慣性實行邏輯等都是決定優位性的因素。不過,環觀當今世界中各個社會的歷史軌跡,下文中將論及以個體爲本位之人本人道思想的人文精神所開展之科技資本主義文明的所謂「現代化」,卽因具高度生機控制的優勢而在競爭當中展現優位動能,成爲主導世界發展的力量。許多的社會問題卽衍此而生。

社會的理想形構常以制度化姿態展現,意卽它的基本社會特質是系統化,這正是邏輯一致性爲其要件的緣由,也是其具社會動員威力的關鍵所在。然而,系統化所呈現的內在演繹邏輯往往是無法充分地被實際貫徹的。其所以如此,固然可能源於人類的認知永遠是不完全,也可能因人彼此之間永遠有利益矛盾衝突的情形存在,但是,無疑的,系統化的理想形構在轉化成爲具實踐可能性之具體制度化結構形式的過程中,因語意內涵始終有曖昧混沌之處,可以說是其中之根本原因。因此之故,單就語意內涵的角度來看,理想形構與日常生活

❷ 有關此一概念的說法,參看葉啓政(1985)。

世界中之現實實行法則之間（以下簡稱「理想與現實」或「理想法則與現實法則」）有著無可跨越的鴻溝，原就是意料之中的。事實上，理想之所以稱之爲理思，正因爲其所內涵的永遠無法由「現實」來全部涵蓋，也無法從實踐之中完全被證成，否則的話，理想也就不足以稱之爲「理想」了。儘管此一問題乃涉及人類之感受本質所衍生的語意問題，但是，由於語言乃形構社會實在，也是實踐行動上的基本且不可或缺的要件，語意的問題也因此往往卽有關「實在」與「實踐行動」的問題。準此原則來看，無怪乎，自古以來，人類的基本「理想」內容往往並沒有太大變化，總有一份未能見、也未能充分被實現的神秘部份讓人們來憧憬與想像。這使得理想一直保有「古典」的色調，也剔透出「浪漫」的氣氛，令人遐思、心儀、也叫人不停地膜拜。

把理想看成是古典與浪漫的化身是帶有悲劇氛圍的喩隱式說法。它意味著：以全稱的立場來看，理想永遠將是理想；現實也永遠是現實。情形甚至是：卽使一旦現實逼近了理想，理想又會變了或提升，它與現實之間的距離會因此又被拉遠。因此，正如在上節中已指出的一種說法所意涵的：對人類而言，理想和現實之間的鴻溝可不可能跨越或塡補，基本上並不是最爲關鍵的問題。重要的、也是値得我們關心的是：人們是否有心願意秉持理想，集體動員個人意志努力來使現實逼近理想。倘若社會裏大部份（或至少一部份）的成員能夠肯定理想是現實社會中行動的最終且至上的指導原則，並以由此衍生的策略來改造現實，讓現實有產生逼近理想的動勢和動能，那麼，卽使現實與理想之間尙存有距離(而事實上，它永遠是如此的)，都是値得的。這樣的社會也才夠資格被稱得上是「健康」的。

相反地，倘若社會裏大部份的成員視現實中實際運作、而與理想法則卻相扞格的扭曲法則爲常軌，那麼，社會就是不健康、有了病。

準此， 現實與理想之間有著距離， 縱然可能是大家所不喜歡， 但並不一定卽是不正常。 不正常的是， 扭曲了的現實法則過度膨脹、囂張; 一旦在實際的日常生活世界裏， 它越俎代庖日久且益深， 理想就永無實現的可能， 最後， 橘越淮化爲枳， 現實將完全駕凌而吞噬了理想。在此情形下， 理想只是一個被架空後顯得陳義過高 、甚至是虛幻飄渺的表面幌子， 它變成只是一個 「名」， 絲毫沒有轉換成爲「實」的契機，甚至也被認爲無此必要。如此「名實」分離的嚴重情形才是社會問題的基本癥結之所在，也最是値得我們引以爲憂的。

於此，我們不免會問: 憑什麼判準，我們可以下斷言說社會之名實分離已嚴重到足以構成是「問題」。基本上， 這涉及人們對「嚴重性」的定義，也涉及到經驗判斷的標竿問題，著實不易有一「客觀」的尺度，甚至也不易建立互爲主觀的共識標準。不過，長期以來，社會裏已有不少人深深體會到名實分離的現象，並做過分析、也有所指陳（如費孝通，1948）。我們以爲，單憑這些經驗性的指陳就已足夠具有拿來討論的價値了。

根據以上的論述，我們接著不免會問: 何以當前臺灣社會會產生嚴重的名實分離現象，而讓現實法則駕凌、甚至踰越理想法則，導致理想幾近完全萎縮? 這是一個牽涉多方面因素的複雜問題，不過，略加梳理， 大體上可以歸納成爲三方面的因素來加以考察 。這些因素是: (1) 跨越時空、在結構上具普遍且必然存在的因素，(2) 具優勢之歷史潮流所形塑的普遍趨勢所主導的因素，和 (3) 基於臺灣特殊之歷史、文化、與社會條件所衍生的因素。底下，我們就順著此三方面來分別加以敍述。

三、衍於跨越時空的結構性普遍必然因素

所謂跨越時空、在結構上具普遍且必然存在的因素指的是：任何社會，不管是多麼簡單與穩定，都會展現有一些基本條件，使得生活在其中的人們或多或少經驗到「問題感」。一旦此「問題感」成爲社會裏普遍的意識而被動員成爲社會行動 (Mauss, 1975)，則問題就產生了。

雖然哲學家對人性有不同的說法，但是從俗世的哲學人類學立場來看[3]，人都有爲一己之利的自私心理要求。爲了生存，人必須使用工具，利用自然以厚生，並藉此創造轉化成爲可資運用的社會資源。資源的開採乃意涵著，人對自然存有着刻意征服與掠奪的動機。於是，爲了生存，也爲了謀求更安全、更豐裕的物質生活條件，人有累積、屯儲外在性之自然和社會資源的傾向。然而，由於人乃營共同的社會生活，在一定的時空條件下，人的生存不但仰賴自然，也必然涉及人與人之間關係的適當運作。同時，更由於外在資源的總量常是有限的，資源如何合理地分配也就成爲至爲重要的問題。因此，掠奪的本質順理成章地成爲理解社會問題的核心[4]。

一般人都有企圖使個己所擁有或控制的資源極大化的傾向，施及於分配上，順着一定的正義法則來考察，就不免有了所謂掠奪、壟斷、剝削、或宰制的情形發生。很明顯的，假若人不學習自我約制或降低欲望，而卻相反地以一再提升、擴大慾望的強度與面相爲證成人之存有的意義，表現在人與人之間資源分配上的必然是充滿着對立、

---

[3] 這是西方社會學知識的基本哲學人類學預設，參看葉啓政(1987)的討論。

[4] 此一命題正是 Marx 之社會理論的基本預設，只是Marx 所鋪陳的理路更細緻，有其德國思想淵源的基礎——勞動 (labour) 的哲學觀。

矛盾、與衝突的緊張狀況。一旦「公平」的分配成爲是社會正義的具體標竿，問題自然就會發生了❺

基本上，資源分配不可能完全公平乃任何社會均會有的現象，社會的結構組成本質上就一直隱藏有使不平等分配發生的潛在條件。即使是結構甚爲簡單的社會，人們總會因本身所具屬性不同（如性別、年齡、膚色、家世、能力）或機緣不同，而導使掌握社會資源（尤指權力、財富、知識、地位、印象操弄等）的機會不一樣。這樣的機會不等，一旦衡諸於某些道德標準，就不免產生了不公平或不平等分配的感覺，也因此感受到問題的存在。譬如，貧窮的定義可能因時空之不同而有改變，但它成爲問題卻是古今中外普遍存在的「客觀」現象。即使富裕如西歐或美國社會，其社會福利制度再健全，貧窮問題就始終無法倖免的。

其次，由於區位空間、種屬、語言、或階層等等條件的差異，即使生活在同一主權定義下，並享有一定之相同主文化的社會中的人們，也會因此孕生不同的生活態度和看法，產生了學者慣稱之「次文化」現象。次文化的存在，一方面說明了人羣之間必然有不同的價值、態度、信仰、與行爲規範要求，因此有了不同的詮釋與理解模式，對同一個現象或狀態，就可能賦予不同的定義，問題感的存在也因此無法避免了。另一方面，次文化的存在也埋伏了人羣之間產生對立、衝突、與宰制的可能性。尤其，處於不同次文化之羣體亦即意味著人們有不同的獲取社會資源的機會，對立與衝突的可能性因而是可預期，

❺ 基本上，近代西方社會思想的主線即由此命題來抽衍。企圖建立一合理的政治與經濟資源分配制度，乃被視爲是化解問題的基本也是必然策略。舉凡以個人平等與自由爲基礎之民主政治或社會主義的人民民主經濟制度，莫不以此爲立論之基礎。

問題的產生也自然隨伴而來。準此，次文化的存在可以說是促發社會「問題」產生的結構性隨制條件。種族問題，如臺灣原住民的問題卽是一例。又，源於犯罪次文化之存在所導致之犯罪問題，亦是一例。

總地來說，無論從人性或人生存之自然和社會客觀條件等不同面相來看， 人的社會處處都隱藏有足以導使人與人之間產生矛盾 、對立、以至衝突之緊張狀況的可能，也時時有使人與自然之間產生相互威脅的機會。縱然問題會因時因地而異，但是，基本上，沒有任何一個社會可能沒有「問題感」，問題總是伴隨著人的存在和活動而來的。所不同也是我們所特別關心的只是，主觀上所產生之問題感的嚴重程度，以及在不同時代裏主要問題之性質有所不同而已。底下，就讓我們來探討一些對當前臺灣社會問題之產生具有決定性的特別歷史、文化、與社會因素。

四. 所謂「現代化」催化下的問題癥結

「現代化」是一個富有特殊價値理念意涵的綜合性概念，很難一言以蔽之。學者之間對此一概念的界定與理解也往往不是很一致，常有不同的意指。尤有進之的，關照歐美資本主義社會的發展，學者們（如 Bell, 1973; Lyotard, 1984）甚至以為，人類社會已進入「後現代」的情境。不過，不管如何，儘管「現代化」的內涵曖昧、也分歧，甚至一天可能成為「過時」的歷史名辭，但是，它已成為人們都自以為懂，不時琊琊上口的概念與口號，有著一定約定俗成的意涵。正因為它成為代表「進步」、「成就」的象徵，政客們把他自以為是的「 現代化 」概念 轉化成為政策， 主導著臺灣這四十多年的社會發展。在如此雙重條件的考量之下，把「現代化」看成主要的「客存」

線索來考量社會問題的衍生，自是必要的。基於本文的主旨乃在於探討社會的「問題」，因此，我們僅從「負面」的角度來關照；亦卽：當我們說「負面」時，意思是說，尋找「現代化」形構、制約、助長「問題感」產生或加劇的可能面相❻。

誠如上述，「現代化」是載負意識形態的複合概念，其可能意涵的面相與內容多元而豐富。若以第二節中所提的概念來看，「現代化」是一個現實形構，也是理想形構。一方面，它代表人類文明發展的一種實然狀態，但另一方面，它卻反映人爲的理想期望與設計。對所謂非「已開發」社會而言，「現代化」成爲一種具迷思意涵之理想形構的傾向，更加是明顯。也正因爲如此，「現代化」成爲社會變遷的發展動力。

既然「現代化」是一個理想形構，它自然就會觸及社會存有的預設命題的問題，也會涉及表現結構形式上的問題。爲了節省篇幅，我們不擬分就此二面相來細論(參考楊國樞，1978)，而僅就其所展現的歷史軌跡概略地加以考察。就「現代化」意涵的歷史軌跡來看，「理性化」可以說是其核心概念。然而，我們又面臨相同的問題，「理性化」也是一個意涵廣泛、豐富、多元、乃至曖昧的概念，倘若不適當地加以規範，也將一樣地無法充分掌握。嚴格來說，要適切地掌握「理性化」的概念，必須擺回西歐的歷史脈絡來考察。這是一項龐大的工程，牽涉的是整部西方政治、經濟、社會、與文化發展史。無疑的，

---

❻ 這樣的論述乃意味，一旦論及「問題感」或「問題」自身，它必然是貼著某種價値理念而開展。事實上，所謂「問題感」一詞卽已意涵著價値判準的預設，所差別的只是選擇歸依的標準爲何而已。至於當前歐美（也可以說全世界）對社會問題的認定，粗略來看，大致深受二股潮流所主導。一是世俗理性主義(secular rationalism)；另一是人道主義(humanitarianism)。(Nisbet, 1971: 5-9)

這已超乎本文的原旨，事實上也非作者力所能逮。在此，我們只能選擇其間的一條歷史線索貼著本文之宗旨來略加敍述。

西方「理性化」的存有命題乃貼著個體爲本位之人本思想而發展的，肯定人生而自由且平等是其基本預設。人文與人道主義的思想也準此而衍生。從「問題」的角度來看，表面上，這些理念並非問題產生的「客觀」歷史根源，而是形塑「問題感」、也是判定「問題」的準則。換句話說，由此人本思想所開出來的理性，其意義不在於它孕育或形塑了「問題」本身，而是它爲一些旣有或衍生的現象貼上了「問題」的標籤。說得更白些，問題與否乃依著人是否被平等或公平地對待、或是否展現充分保證個人自由的條件等等人文與人道精神的標準來判定。依此歷史脈絡來看，倘若理性形塑成爲「問題」，基本上乃來自其所具有之另外的歷史內涵的實踐結果。其最爲突顯的是人在環境中之主體地位的意理判定上面。

對西方人而言，人有能力，也應當具有充分主導自己之意志的可能條件。人之所以爲人，其意義在於他有能力操縱與控制環境，尤其自然環境。因此，人定勝天與勘天役物是人所具有的能力，也是禀賦的權利，更是人之存有的基本條件。推其歷史淵源，至少這樣的意理可推至 Descartes 之名言「我思故我在」所內涵的觀念。對西方人，主體與客體是兩個絕裂的存有體，彼此之間互相獨立。因此，心智或「思維體」(res cogitans) 與「外延體」(res extensa) 是分立的，而物質世界中的一切事物都可以從其部份之間的組構與運動方式來解釋。這種機械觀遂成爲此後發展科學的基本認知典範，直到廿世紀，才由物理學引發另一重大的觀念而開始鬆動❼。但是，無論如何，此一 Descartes 式的觀念成爲形塑「現代性」之社會存有的理

---

❼ 參看 Capra (1983)。

性建構基礎，也同時展現了實際形構社會結構的威力。

自然客體世界的機械觀意涵自然現象有一定的規律，人做爲萬物之靈，可以透過特殊的認知方式來掌握，科學即是此一基本認知方式。也就是說，透過科學程序，主體與客體之間可以獲取某種程度的「統一」，也因此可以保證人操控自然的可能性。科學的目標於是被確立成爲是支配與控制自然、轉而掌握人與人所形成的社會，而使人成爲大自然（包含社會在內）的主人與佔有者。準此而推衍出來的結論是: 理性的具體社會形式乃「外控」，科學方法與程序即是保證外控的利器，而結合科學與技術（以下簡稱「科技」）與資本累積的生產形式所推動的工業發展，則成爲具體表現「理性」之結構性的歷史活動了。

「外控」理性的基本要件是效率與效用，講求的是人如何以最有「效率」的方法、程序、與工具來達到「控制」外在環境與其他人，以爲保證並「擴展」自我存在之意義的最大「效用」。因此，其內涵，說好聽，是利用厚生以增進人類的福祉，說不好聽，則是掠奪與剝削自然與其他人。這樣的理性形式基本上是強調手段，也因此本質上是「經濟」的。資本主義挾持科技工業的發展可以說正是這種理性的典型結構化表現形式。尤有進之的，發展至今，事實上它已爲任何「主義」之社會所普遍肯定，也形塑了難以輕易鬆動的表現結構模式。此一結構模式與其背後隱藏的一些存有預設是「現代化」產生「問題」的共同「禍源」。以下，我們就「現代化」之表現結構形式面相來勾勒其所可能隱藏的「問題」根源。

科技工業化影響所及的並不止於生產模式、生產力、或生產關係上結構性的改變，它同時連鎖地波及其他的社會層面。首先，它改變了人與自然的關係。在傳統田園社會裏，人是嵌入自然之中，對自然做調適，而不是顯著地改變自然並力圖操縱。縱然人需要改變自然以應個體之需，其改變程度也往往相當有限，而且順著自然來引導的。但是生產科技化，尤其在資本主義的牟利生產原則指導之下，情形就不同了。舉凡生產集中化 —— 工廠的設立，科技發展所帶來資源大量開採和耗費，商業活動頻繁牽動人口集中與流動率加大，與都市化的形成等等的伴隨現象，在在地大幅度破壞了人與自然環境之關係的原始樣貌，也因而威脅到人與自然之間應有的起碼和諧關係。諸如各種污染現象，都市住宅、綠地、與交通問題，即是其中常見且棘手的「現代化」後效問題。

專業分工與合作是科技工業化之理性的結構性表現形式。這樣的生產方式首先解除了傳統田園社會中家庭與社區（村落是其典型）原有的許多功能。例如，在傳統田園社會裏，家庭是消費的自足單元，也往往是半自足的生產單位。就生產供給而言，頂多是村落即可自成一個相當具自足性的社會單元。在這樣的格局裏，生產最主要且直接的目的是滿足人生存最起碼的基本要求，而不是藉創造更多的產品來牟利。在此情形下，因生活必需而引發的交易活動並不十分頻繁，也不是那麼頂重要。然而，科技工業化發達之後，尤其在資本主義的旗幟下，原有如此的生產方式已不吻合「理性」之存有預設的效率原則，更是違背生產結構的邏輯。強調專業分工和合作的生產模式，迫使生產必須走出家庭，甚至跨越村落的疆界。從此發展出來的是，雖然家庭可能還繼續是消費的社會單元，但絕不可能是生產的最小自足（乃至半自足）單元。甚至村落原有的生產自足性結構形態也遭受破壞。爲了謀生，人們不但必須走出家庭，也必須跨越村落，投入另外更爲寬廣的世界。這個世界基本上乃由工作與交易場所、各種科層組織、交通網絡、與其他各種公共場所等等所組合編織成的。市場也於焉形成爲人們日常生活活動的主要場域。

在結構上，工商業爲主的都市化生活型態與農業爲體之田園生活相當不一樣，其所奧援之「理性」法則也因此被區分出來。這是西方「現代化」理想形構所內涵的重點，也是「現代化」理想形構移植至臺灣之後，產生理想與現實之間嚴重名實分離的關鍵，值得特別加以注意。

原則上，在工商業發達的社會中，通常衆多陌生人口聚居在一特定空間，也必須集中在一特定時間內產生互動(如上班)。這種情形不但使人們的日常活動範圍加大化，但卻更加侷限定則化，人際關係變得更爲複雜、多元但卻特殊局部化，許多問題也因此產生。這些問題擺在西方社會的歷史脈絡來看，可以說是四方面力量交錯的「問題」體現。一是其本身具有之社會存有預設諸命題間的內在矛盾；二是因社會結構改變所創新衍生之存有預設與舊有者間的矛盾；三是存有預設（不論舊有或創新）與表現結構形式間演繹邏輯之不完全（且是必然不完全）所引起的認知與感受矛盾；四是轉化過程中，舊有與迸生之表現結構形式互相競爭主導權帶來的矛盾與緊張。

由於篇幅所限，我們無法在此就此四方面問題分別加以細述。總之，一言以蔽之，在現代化之理想形構動力的推動下，傳統舊有與新來之理想形構與現實形構間的相互運作關係的邏輯不免處處展現出扞格與矛盾之處，問題感自然也就油然而生。因而，許多的問題表面上看起來似乎是特殊歷史與文化因素所內涵的，但審諸理想法則的意涵，其中不乏是邏輯上內涵的必然衍生現象。在本節中，以下所討論的基本上卽屬此類。不過，爲了精簡篇幅，我們在討論過程中也就不再特別細分狀況來敍述，而改以籠統的方式來勾勒，特別請求讀者見諒與注意。

整體而言，Descartes 式的兩元絕裂觀可能說是西方人的基本思考模式。整個西方文明可以看成是把世界化成兩元絕裂體之後所帶來心靈上矛盾與緊張所迸放出來的。希臘神話之中諸神始終處於靈肉交戰的緊張狀態、歌德在浮士德身上所展現的神魔交戰與莎士比亞的戲劇，可以說是最典型的例證。因此，整個西方文明充滿着焦慮性的悲劇性格，人總是在兩元對立的思考模式下，在被撕裂的對立世界裏，爲了充分掌握與證成完整的「存有」而掙扎、而困惑。順此來看，這個文明所表現出來的，又極具侵略性、占有性、也是俗世性的，因爲唯有肯定俗世的種種並且占有它，才可能證實自我存在的價值。如此「存有」式的存在觀。反映在現實世界的結構性表現形式上，處處充滿着否定與絕裂辯證性的緊張。於是，理性相對非理性、個體相對羣體、世俗相對神聖、公共領域相對私人領域、權威相對自由、階層相對平等、結構命定相對意志自由等等兩元對立化的概念，不但成爲西方思想家建構「社會形象」的概念依據，也成爲現實世界裏社會力具體展現的基本形式。西方人心目中的社會問題感就正在這樣之思考、認知、與感受模式下孕生。其影響所及，我們東方人也不自覺地以此方式來看自已的問題。

在上述十分簡扼的揷曲式描述之後，讓我們回過來看「現代化」之理想形構所牽動出來之現實表現結構形式，如何在西方世界「實際」呈現與開展出「問題」來。首先，我們要指出的是，工業革命與資本主義的發展此二雙重歷史動力催動了兩元絕裂式之思考與感受模式，使之更加深地嵌進人們的日常生活當中。在此動力下，專業分工細密與交易活動頻繁迫使人與人間的工具性互動與情感性活動更加區隔開來，而不是如我們在當前臺灣社會尚可看見的，兩者還有相互搓揉與融通作用的情形。對西方人，互動的工具化必得與傳統田園社會以熟稔爲本，強調整個人格與情感投入的「初級性」社會關係模式「絕裂」。理性的成本投資效益精算要求在結構上產生對應的效果。在其發展的歷史脈絡中，這使得既淺、又淡、且人格片面化的「工具」人際關係必須從強調深、濃、且人格全部投入的「情感」關係（如友情、家庭關係）分離出來，而形塑「公」與「私」的清晰明確區劃❽。運用 Blau (1974)的話來說，亦卽:「弱繫」(weak tie) 關係必須與強調人格與情感投入之深且濃的「強繫」(strong tie) 關係嚴格劃分開，而不是如傳統中國社會一般，讓理性精算的要求消融入原有的強繫關係結構中獲取某種「和諧性」的統一或妥協。

在西方世界裏，弱繫社會關係結構的形成可以看成是工具理性高度發展必然的歷史結果。此種關係反映出的，一方面是 Simmel (1950: 402) 所謂的「今天來而明天留下來」的陌生人都市社會，另一方面是隨職業而到處逐居之都市遊牧者的因運而生。一旦人與人的來往最主要乃基於工具性的利害關係的考量，來往的對象也是基於職業或生活必需而不得不交往的陌生人爲主，人際關係被「功能化」自是順理成章的。「功能化」講究的是對方對當事人是否有實質上的益處；有益則聚、則來，無益則散、則去。因此，「功能化」乃意味人際關係是趨向維持並希望是局部的人格投入。同時，來往的對象、目的、地點、乃至時間長短和分配等等都是事先被設計而且定型化的。很明顯的，這樣的關係不太可能既深且濃，也不太可能是擴散全括整個人的人格的，因爲如此的話，個人負荷會太重，不吻合經濟理性的效率與效用法則。

人際關係被「功能化」，使關係所可能開展的「意義」空間被特

❽ Habermas (1989) 從西方歷史來追蹤「公共領域」概念的發展是一個值得參考的例子。

定區隔化，人之存在意義爲利益的考量所化約。其結果是，人的來往喪失了傳統社會中所常見的溫馨人情、與人情所衍生的和諧感。於是乎，處在現代陌生人的都市遊牧社會，人與人之間關係變得冷淡、淺薄、與傾向利益考量，當然，也因此獲得更多的自由空間。但是，卻無法排除寂寞、價值失落、意義模糊、情緒沮喪等等心理感受，人們改以忙碌追逐現實名利與物質享受來肯定自己，充實自己。在此情形下，我們看到更形嚴重、甚至性質迴異的犯罪問題產生（如電腦犯罪、吸毒……）。其他諸如色情、精神異常、家庭失諧（如離婚）、青少年適應不良、自我迷失、職業失調、宗教信仰……等問題也隨之而生。這些現象在傳統田園社會中，雖未必完全不存在，但至少相對地不明顯，甚至往往難得一見的。

更進一步地來看，專業分工細密與區位都市化助長生活世界的空間繁複多樣化。這樣的結構促使人類的社羣組合更加多元化，間接助長了不同次文化的產生。次文化帶來不同的生活方式、機會條件、期望、價值、乃至信仰。這些在在有助於引發更多、更複雜、也更棘手的羣體關係。諸如不同種族（如山胞問題）、性別（如婦女問題）、年齡（如老人與青少年問題）、職業（如勞工問題）、或區位（如農村、山地、與都市問題），均足以因不同次文化與利益帶來問題。讓我們拿青少年此一羣體來當例子加以說明。

由於生產科技化日趨明顯，知識（尤其專門技術知識）在社會中的重要性愈來愈明顯。爲了因應這樣的需要，學校教育，尤其專業高等教育日益普及。其影響所及，不但一般人投資於教育的年限延長，而且幾乎成爲一個人要在社會中立足必要的制度化條件。這樣的教育制度化情形使得青少年們有更多機會聚處一齊，與成人世界隔離的機會更形加劇，時間也更爲延長。面對社會變遷的迅速，價值迭變的日劇，尤其物質與點線慾望的引誘，長期下來，如此的制度化的隔離安排無形之中更促發了青少年次文化的形成。他們在互相學習與激盪之下，自成一套有別於成人社會的規範、價值、態度、與行爲模式。雖說這套次文化並未必然與成人爲主的主文化完全地脫節或扞格，但是，我們常可看到，無論是父子、師生、或不同年齡層的世代之間都或多或少形成裂溝，不同世代之間充滿着矛盾與緊張的潛勢。青少年問題，諸如毆鬪、吸毒、課業適應、親子關係……等問題，也就應運而生。

嚴格來說，次文化所衍生的可能負面現象，並不是促成現代社會之問題發生的最原始癥結，而只是添增原已有之可能問題的面相或嚴重性而已。從歷史的角度來看，現代社會問題的癥結最主要的還是來自於結構分化後所產生的社會資源分配的不均與對此不均所產生的心理認知和反應。

誠如上文中指出的，古今中外，自從人類經營共同的社會生活以來，資源的分配就一直從未有公平又合理地「平均」過。人與人之間因種種自然或人爲條件之不同，對資源有宰制能力與機會上的差異。因此，情形總是有人控制較多的社會資源（如比較有錢、有勢、有權、有地位、有知識……等等），而有些人則控制較少。面對這樣幾乎可以說是相當普遍的現象，今與昔不同的地方，除了在於現代人（當然，尤指西方人）之主觀體察敏感度與反應較明顯之外，最爲顯著的乃在於社會資源之社會結構型態、面相、幅度、與其意義有實質上的不同。Marx 對科技工業化之資本主義社會的解析和批判，基本上卽掌握著這條線索來進行的。

從生產面來看，分工的專業與細密化乃是展現效率理性之意識型態的歷史形式，它常被學者們（尤其所謂「結構功能」論者）賦以正面的意義來看待。在此，我們不擬捲入意識形態之爭，對此歷史形式之正面功能的說法細加討論❾。然而，至少從生產所得分配的面相來考察，在資本主義強調「功績」與「私有財產」爲前題的社會邏輯支撐下，專業細密化的分工可以說是締造現代社會問題的基本「客觀」條件。

研究社會階層與流動的學者都熟悉 Davis 與 Moore (1945) 所提出之社會階層的功能說。他們以爲，人們因稟賦能力、貢獻心力、或所占職位之意義不同，其生產價值不一樣，因此，所得報酬不等是「應該」的。尤其，倘若分工的生產理性邏輯乃是維持或提高效率與效用，此一不等的報酬分配結構則是功能上不可或缺之必要社會機制，本身具正面的倫理意義。無疑的，姑且不論情形是否眞的如此，如此的論述確實具有正當化社會資源分配不均現象的穩定作用。尤其，此一論述方式吻合日常生活中一般人對工作的認知價值，而在強調私有權具正當性的資本主義社會中，分工又使資源之所得和使用分配的複雜性增加幅度也擴展。在此情形下，分配不等之事實面對著「人生而平等」的權利觀，人們有了問題感的產生，自是可以預見的。

對此，我們的意思是，分工之專業化及細密化有促使「職業」的社會倫理意義得以明顯呈現，並在社會裏成爲形塑「問題」意識之極爲重要且具「互爲主觀」的條件。這種情形，在傳統田園社會中強調「男耕女織」式之粗糙分工形式下，是很難看到的。縱然，在當時是有了今天所謂之「職業」的形式，它往往也難以在人們實際的日常生活世界裏扮演實質性的主導角色 。 準此， 今天常見之勞資關係、職

---

❾ 最典型的主張是 Davis & Moore (1945)。嚴格來說，分工專業分殊細密化是否眞是提高生產力的必要條件，近來已遭受到質疑，Blau (1974) 即是一例。

業適應、女童工之待遇、專業教育、或失業等等問題，大體而言，在過去的時代裏，客觀上並不存在，至少是剔透不出來的。這些都可以說是現代科技工業化之專業分工社會形成後才明顯地被披露出來的。

職業的發展所引發出來的並不止於上述直接的問題，它同時也主導着人們對其自身之社會存有意義的界定。對現代社會中芸芸衆生而言，其所從事之職業所衍生的特徵，如職位、收入、工作性質、場所、技能知識、或所需教育與資歷等等，確實在互爲主觀的價値認知上變成爲界定一個人成敗的重要指標。如此把人之存有意義化約成爲這些職業衍生屬性在人口學上的分配意義，無疑的是一種企圖客化、也是物化人之生存意義的標準化現象。無怪乎，五〇年代以來，在科技工業化與資本主義最發達的美國，社會學會發展出重視教育程度、職業性質、收入、與職位組構成之所謂「社會經濟地位」(socio-economic status) 的指標，並由此形塑所謂的「職業聲望」量表，用來研究社會階層與流動。這樣的社會學無疑的是屈服在資本主義的現實文化邏輯底下的世俗化產物，缺乏批判其可能內涵之深層「問題」與啓發社會導進的潛力[10]。正因爲如此，這樣的社會學知識自然無法揭發「職業」之發展所可能引發人之存有意義，諸如挫敗、異化、迷失等等心理經驗的問題癥結。面對這些問題，人們往往並不去檢討社會結構本身，而只從「心理適應」的技術面相去要求個體調適，把問題推給精神醫師或心理學家。這助長了現行精神醫學或心理衞生學向現行社會結構與體制屈服的保守性格[11]。

---

[10] 有關對西方社會學（尤其美國社會學）之歷史特性的批判，參看葉啓政(1987)。

[11] 有關於對現代心理衞生學的批判，參看葉啓政 (1989)，或本書第八章。

生產的專業分殊細密化的另一層社會意涵是區隔了生產與消費的社會單元。情形是很明顯的，一旦生產專業分殊細密化後，縱然家庭還保留是消費的基本單元，但絕已非自足（乃至半自足）的生產單元了。此時，生產往往是由獨立於家庭之外的另外社羣組織（如工廠）來執行。這樣的區隔化改變了人活動的區位空間型態，也影響及人際關係的基本特質。

生產場所從家庭及住所獨立出來後，其最明顯的現象是生產內容被局部化（如專製輪胎、螺帽、或引擎），並令從事相同工作者集中在一個空間（即工廠）。如此生產空間的集中化，除了吸引工人雲集，也因因應工人生活所需，吸引了從事有關行業之人口（如醫藥人員、百貨業、飲食……等）集中，這無形中助長了城市的發展，都市問題也就應運而生。

都市的形成所改變的不只是人與人或人與自然的空間關係型態，而且也波及種種社羣組織中人際關係的基本特質。在上文中，我們已提及，此一區位的改變影響所及的首見於人際關係的「功能化」，人與人的關係逐漸導使傳統社會中常見以歸屬性社會特質（如血緣、地緣、同寅……）爲主線、強調情感且概涵之全人格投入的格局退位。相對地，人與人之間傾向於使契約化、工具化、且局部化，以利益互惠爲本的弱繫關係更形耀眼、重要，也更加助長其「取代」強繫關係的地位。於是乎，這樣的弱繫特質不只見存於日常生活中人與人的互利交換行爲當中，也甚至擴及傳統最具代表強繫性的社會關係，如婚姻、友情、與親情，而讓人常有「世態炎凉，人心不古」或「父子或夫妻形同路人」之感。

就以婚姻爲例，現代社會之離婚率普遍提高是一不爭的事實。有人以爲，其所以如此，乃因個人要求獨立自主之自由意識提升（尤其婦女）、婦女就業機會增多、較以往有更多自存條件、婚姻的基礎由外在之經濟或社會性要求轉以當事人雙方情感之有無爲本、或現代人胸襟較開放等等因素。當然，這些因素看起來都不能完全排除，可能有着相當的關係。但是，生產脫離家庭（或村落）而形成一個獨立自足的場域，也是重要的觸媒條件，乃不容完全忽略的。在女人被解放而給予工作權之後，工作場域走出家庭而空間集中化，無疑地使得陌生男女在一起工作的機會增加。這乃意味著，除了配偶之外，一般人與異性的接觸，無論就時間之有無或長短，機會均大爲增加。此一有利的客存結構條件，很明顯地對婚姻構成相當大的潛在威脅。西方世界裏，離婚率普遍提高，家庭失諧的情形也日益增多，與此一歷史條件有著一定的關係的。這施之於臺灣情形也正是如此。

其實，生產專業分殊細密化對現代社會衝擊最顯著、也是最深遠的可以說是，金錢、權力、與知識三種「象徵互換之概化媒體」(generalized media of symbolic inter-exchange) ⑫之重要性的提升與其所衍生的效果。自從人類懂得象徵的交換以來，金錢、權力、與知識(尤其前二者)始終是人類社會中重要的象徵資源。不過，在傳統以家庭爲半自足（甚或自足）之生計生產單元的情形下，封閉式的生活方式使權力運作的有效範圍實質上受了限制；直接、明顯而可見的常侷限在家庭、家族、或村落中以年紀與輩份爲主線的倫常關係之中。權力的表現既是擴散的 (diffused)，更缺乏法制正當化的特化分化特徵。以前中國人常會說：「納糧完稅，天高皇帝遠，但求關起門來過太平生活」，即是表現這樣之權力運作實質侷限化的最佳實例。

---

⑫ 參看 Parsons (1975)。

傳統的生計生產模式基本上乃順應人的基本需求而生，缺乏具開展人之需求面相的潛力。在此情形下，以物易物是最爲原始的交換形式，縱有貨幣的存在，其意義乃側重充當價值尺度、墊付或交換媒體。在以創造需求與擴大消費之市場經濟未充分發展前，人們雖有儲存金錢的情形，但未必有追求牟利以大量累積金錢的必要，金錢的功能與意義多少是受限制的。再者，傳統的生產乃以勞力密集、高度依賴土地資源的粗技術方式來進行，人類仰賴的是靠經驗累積的常識，而非如今日之系統化的專業知識。如此一來，年長者往往因累積有較多的經驗常識，常成爲訊息與判斷事理的權威來源，知識做爲社會資源的重要性，自然也就不若今日高度仰賴系統專業知識以運轉社會機制的社會來得明顯了。因此，總結來看，在傳統田園社會中，金錢、權力、尤其知識等三種社會資源所可能具有之概化媒體作用自然不若現代社會那麼顯著。

現在，讓我們反過來看看現代（尤其資本主義）社會。從歷史的軌迹來加以考察，支撐現代社會的最主要動力是科技的系統發展，而科技的系統發展則有賴系統化且分工細密的知識體系來支持。專業知識因此成爲重要的社會資源，也因此使「職業」的社會意義更形重要，而且深深地滲透進入人們的日常生活。這一點，我們在前文中已有論說，不擬在此重述。事實上，科技所以會高度發展，要求創新迭現，皆因應資本主義的生產經濟邏輯而來。資本主義的生產目的並非爲了生產者的直接消費，而是牟利。從生產面相來看，牟利的理性原則乃要求以最小人力與資源投資和最有效率之生產方式來保證最大利潤。利潤的極大化因此成爲資本主義生產的最重要考慮。另外，從消費角度來看，無疑的，擴大消費面相與數量是謀取最大利潤的另一種利器。爲了達致這樣的目標，激發、創造人們的需求欲望自然地是必要的，這也正是 Marcuse (1964) 以所謂「虛假欲望」來刻劃資本主義之特點的理由所在。準此，資本主義的經濟形態強調的是市場價值，也因此形塑了所謂的「市場社會」。

既然市場社會的經濟策略之一是透過科技創新來創造更多、更細緻的商品來鼓勵消費以遂行謀取最大利潤的目的，金錢作為交換媒體的概化性自然隨之更形重要。同時，隨著弱繫社會關係的發展，人與人間的互動愈來愈是片面化，也愈仰賴抽象化的概化交換媒體來進行連繫。金錢做爲最基本的概化交換媒體形式，其重要性自然無形中更加明白了。如何透過種種管道來累積金錢，也就成爲現代社會中人們重視的重要活動。人們可以利用金錢做爲交換媒體來獲取其所需，確保其生存的條件，更藉此來證成其社會存有的意義。在此情形下，人們爭相逐利遂成爲俗世裏常見的價値，社會也發展出一以「金錢」爲要件的型態。

儘管金錢當成社會資源來看，它事實上並不能完全取代權力、知識、或情感的地位，但在現代社會中金錢卻是獲取這些社會資源不可或缺的要件。反之，此三者，尤其前二者也成爲經營財富的要件，如此，它們彼此之間形成一緊密扣連，但又不能完全替代的複雜關係，其概化交換性於焉形成。其中，又尤以金錢與權力之間交換性的累積，對一般人的社會存有意義更形重要。人們以爭取、累積金錢與權力成爲保證自身存有與安全的手段。其結果是，擁有金錢與權力已不只是「手段」，而成爲「異化」的目的自身。在此條件之下，財富與權力的分配合理性問題遂成爲現代人普遍關心的焦點，施及於臺灣社會，自然也不例外。

Nisbet (1971) 認爲，世俗理性化與人道精神的興起乃形塑現代社會之問題感的兩股歷史潮流。大體而言，固然世俗理性化成就了現代性，但卻也是形塑現代社會問題的「禍源」，而人道精神雖然支撐了世俗理性化的發展，卻又成爲解讀、定義、批判、甚至化解現代社會問題的意識依據。兩者之間，既相輔又相剋，這彰顯了現代社會普遍具有的強烈問題和批判意識，同時呈現西方「現代化」理想形構的多面性，也披露了其與實際表現結構形式之間隨制性關係所可能具有的內在矛盾和不完確⑬。

籠統地來說，以人本爲基線的西方人道精神，乃把一切社會存有的倫理道德與價值的基礎還原到「個人」上面來。這保證和維護個體有獨立自主的機會，而引以爲是確保人格完整的基本條件。社會的道德和倫理應當以宣揚個體自由與機會平等爲鵠的，而且這些都是人應有的基本權利。準此，人道精神所企圖反映的是施於人之各個社會面相的全面解放；其重點在於人要求從自然、權威、物質、暴力等等加諸身上有形或無形之結構性宰制中解放出來。他們以爲，解放不只是停留在思想意識上面，而是必須以行動來表現才有效。更重要的是，它必須針對制度，也同時必須仰賴制度的重建，才有保障的可能。

如此把問題的癥結和化解之道濃縮至制度面相，可以說是西方人道精神發揮的特點，自有其思想上的淵源，在此，由於篇幅所限，不擬多加論說。不過，我們必須指出的是，人道精神所開展出來的這種強調制度觀點，毋寧是貼著世俗理性而來的。它所意圖表現的是，對一個人之基本生存的物質與權力關係，給予正面且具優位性的肯定。Marx之強調勞動與物質條件即是一個明例。正因爲如此，雖然人道精神所彰顯之處是人之整體面相，但是，政治與經濟制度的合理化卻無形之中成爲關注的焦點。事實上，這也正是針對世俗理性所表現出來之世

---

⑬ 關於隨制性（contingency）的概念，請參看 Luhmann (1976)。

俗現實性而衍生的反應，其間有著一定的歷史關聯性。易言之，從世俗理性的歷史發展軌跡來考察，人道精神特別表現在政治與經濟制度上，乃因此二面相在主體認知與客觀條件上具有優位性。因此，把問題的焦點擺在這上面，是有特殊的社會意義，也是具有正當性的。

以經濟功利爲本的世俗理性化所開展的科技工業化，的確爲人類提供更豐裕的物質生活條件。但是，爲了貫徹外控功能理性的功利目的型，專業分工的組織系統卻導使個體被切割成爲片面的「角色」來看待。在此情形下，人被化爲小螺絲釘，成爲被奴役的活動工具，個體的價值被市場物化，而終至於異化。無怪乎，Berger 等人 (Berger, Berger & Kollner, 1973) 稱呼現代人爲異鄉人，心靈無根到處飄泊。很明顯的，這樣實際的世俗理性化的發展，乃與人道主義主張人之解放、也與人本主義強調個體完整性的原始精神是有所扞格的。現代化所衍生之併發症的根源可謂首出於此。

五. 理想與現實社會形構之扞格的檢討

在前面的討論中，所謂「跨越時空的結構性因素」指的是一些具普遍性之結構條件將其所內涵的邏輯反映在現實面相上的制約作用。因此，它所指問的不是社會的理想形構，而是具體表現，也就是現實形構。在日常生活中人們互動之間的實際活動樣態。其所觸及的乃是日常生活中人們所實際採行的實行邏輯 (the logic of practice)。在特定客觀條件的隨制作用下，行動者自身靠這套邏輯表現其情感與貫徹其認知價值，形成一種依循慣例而引發的自然態度。雖然分析者可以某種外塑性的理想形構來對照或解讀，但是，對行動者自身而言，這不必然是以理想形構來析解的一種證成過程。它只是客觀結構條件所形塑的結果表現，是不是足以在行動者的日常生活世界中產生「問題感」，端看行動者自身是否拿出一個理想形構來對照，或客觀結構條件的表現是否能證成行動者的需要了。

誠如上節中所指出的，相對「跨越時空的結構因素」，「現代化」做爲一種結構力量來看待，它並不只是實際具體展現在人們之日常生活中的現實結構表現形式，同時，也因其具「意識形態」的特質而兼具理想形構的樣態。做爲一種理想形構，「現代化」包括有一套社會存有預設命題組叢和以此組叢爲前題所衍生的表現結構形式。其特點即在於此二組成部份之間在語義演繹上具有內在的關係。「現代化」做爲一種社會動力，其威力即在於此一理想形構被納入行動者的認知系統中發揮實踐的作用。準此，由於社會有既存的結構慣性，「現代化」的理想形構一旦被轉化實踐而發現與原有結構慣性有所扞格，問題感自然就產生了。從此立場來看，任何「現代化」的努力事實上即已預告「問題」必然要產生。這是瞭解當前臺灣社會問題之癥結所不能不先有的認識。

綜觀人類的社會，不管其理由何在，「現代化」乃是一股優勢的社會動力，其影響所及雖有程度上的不同，但卻是遍及地球上各個角落。於是乎，施及於臺灣，我們可以說，當前社會問題的癥結即是：特有的歷史、文化、心理、與區位等等結構條件和原有理想形構，在現代化催動下，或是導使特有問題（如賭風與嫖風熾盛）產生、或使普遍性的問題（如貧窮與犯罪問題）更形嚴重或變型。易言之，現代化的理想形構，一方面成爲參考架構，彰顯出原有之社會理想形構或現實表現結構的「問題感」，另一方面成爲實際的社會動力迫使社會進行改組，導使人們在行爲與社會結構上產生了調適問題。其所觸及的，尤以涉及系統與正當性兩種危機爲最。

當我們說當前臺灣社會之問題主要乃源於本土與外來「現代化」之理想形構的對立，或謂理想與現實有了裂罅，我們的意思不等於說，本土的必然與外來的對立。對立與否純然是歷史條件性的問題，必需有經驗「事實」做依據的。我們企圖指出的只是，此二者有對立的可能，而此一可能確實發生在臺灣之本土與西方外來之間。同時，我們更無意暗示，理想與現實之間有裂罅純然是因為理想為外來而現實為本土傳統的緣故。我們前已指明，任何社會本身之理想與現實之間都會存有裂罅的可能，否則，理想就不足以稱之為理想了。準此，表現在當前臺灣之本土現實與外來理想之間的裂罅，毋寧是其各所形塑之社會「系統」的歷史性格彼此之間有差距使然的。

有了如此的瞭解為基礎，我們以為，表現在當前臺灣社會的情形，比較恰當的說法應當是，問題癥結之所在乃存於：(1) 傳統理想形構與傳統現實實行表現結構、(2) 外來理想形構與傳統理想形構、(3) 外來理想形構與傳統現實實行表現結構、和 (4) 傳統理想形構與外來現實實行表現結構等彼此之間所具系統或實行結構邏輯與其正當性判準有所矛盾的緣故。第一個是任何社會本有的問題，而第二、三及四則是以「現代化」為代表所衍生的結構問題。下面所討論的卽是以此為線索而開展的問題。

在傳統的臺灣社會裏，以儒家思想為主線結合佛道二家所形塑之理想倫理形構所內涵的行為邏輯，一直是檢視社會中人們實際行為與社會結構展現的準繩。在西方現代化勢力入侵前，社會問題表現在理想與現實間裂罅上的基本上卽在於此。社會裏人們實際運用的實行法則，始終與理想形構所內涵的法則有出入，名與實之間的差距一直是相當地大。推其緣由，因素糾纏錯綜，難以一言以蔽之。不過，追根究柢，這與儒家理想形構內涵之存有預設與實際表現結構形式間或個別形構自身的命題之內在轉化邏輯有密切的關聯，可以說是癥結之所在。

就思想內涵來看，中國傳統思想，無論是儒、道、或由印度傳入之釋，均可以稱得上精深博大，自有其引人省思並力求實踐的偉大之處。但是；若僅就上述之分析架構來檢視中國傳統思想，（尤其儒家思想），其做爲指導社會中實際之實行活動的理想形構，則可能面臨一些問題。基本上，儒家思想是主張透過個人內省修養來成就「君子」之德行，而以此來證成社會秩序。當然，儒家也注意到人非聖賢，「君子」並非人人可及，因此「君子德風，小人德草」。在君子之表率下，借風吹而草偃，小人自有可約束而成就其德行的條件。但是，無論怎麼說，這樣的強調內省自修似乎高估了人性中善而美的一面，忽略了人對慾望自制的極限，當然也低估了慾望之醜惡面相可能衍生的力量。韋政通（1968：3）對此的看法十分具有參考價值。他說：「儒家在道德思想中所表現的，對現實人生的種種罪惡，始終未能一刀切入，有較深刻的剖析，根本的原因就是因儒家的道德思想，對生活妥適、痛苦較少的人，比較適合而有效；對生活變動幅度大，且有深刻痛苦經驗的人，就顯得無力。姑且不論儒家道德理想是否比較適合生活安適的人，不適合生活困頓的人，其主內在修養之道德實踐工夫以成就社會生活之和諧，實有『高處不勝寒』之不可攀緣的特點。對『君子』而言，這的確是一套相當高超卓越的道德哲學，但用之於『小人』與『芸芸衆生』身上，其所能發揮之規範能力卻往往顯得軟弱無力了。」

任何社會都有規範，而規範都必然要求成員某個程度地修養心性。但是，一旦社會理想只側重個人內在心性修養，以做爲維持社會資源分配過程中人與人間關係和諧的保證，那就高估了內修工夫的威力了。這樣的理想擺在充滿權力慾望與衝突矛盾之機制的社會裏，是知常而不知變、應常而不應變（韋政通，1968: 7）。同時，這也把修養工夫看得太輕易，僅模糊指點工夫的內涵，說眞的，實未足以指明實踐的確實途徑。因此，一旦要求實踐，如何做就變得相當曖昧，難以把握，其間留下太多轉圜的空間。這也就是說，在理想形構中，由存有預設命題逐層轉化，成爲表現在行爲與社會制度之結構形式的過程中，往往會產生邏輯上難以周延的空檔，很容易在實際實踐過程中發生扭曲或無以周全貫徹的情形。

費孝通（1948: 35）就曾指出這種源於理想系統特質所產生的名實分離現象。他說:

> 孔子的困難是在「團體」組合並不堅强的中國鄉土社會中並不容易具體的指出一個籠罩性的道德觀念來。仁這個觀念衹是邏輯上的綜合，一切私人關係中道德要素的共相。但是因為在社會形態中綜合私人關係的「團體」的缺乏具體性，衹有個廣被的「天下歸仁」的天下，這個「天下」相配的「仁」也不能比「天下」觀念更為清晰。所以凡是要具體說明時，還得回到「孝弟忠信」那一類的道德要素。正等於要說明「天下」時，還得回到「父子、兄弟、朋友」這些具體的倫常觀念。

如此把社會的理想形構輕易地掛在一些空泛的德目上，讓實際實踐時留下了太多的空間，自然無法相對明確地、有效地把行爲規範下來。儒者可以自得意滿地一昧在概念上爲理想德目從事演繹工夫。他們講良心和良知，從個人內修工夫可以推到天下太平與世界大同，產生諸如「誠意、正心、修身、齊家、治國、平天下」的演繹邏輯。這樣的思考方式，無疑地過份簡化了每一個面相，在行為實踐與人際互動之結構中，所內涵不可化約的獨特性質。把各自的結構特性與其間關係的複雜性一筆抹殺掉，也因此忽略了社會制度運轉中「人性」善之一面的極限。一旦把這樣的理想形構與法則擺在現實生活環境裏，尤其權力與利益鬪爭場域中，其理想系統邏輯所能有效延展的作用，就顯得特別軟弱無力。終其極點，我們所能企求的，只能依賴有權有勢者的良心自覺， 才能企求社會正義有實踐的機會。 否則的話， 老百姓就變得束手無策了。正是「君子之道易消，小人之道易長」。當要求君王有無限責任時，正也同時給予他最恣意表現其武斷權力的機會。〈湯誥〉中「萬方有罪，罪在朕躬」和〈泰誓〉中「百姓有過，在予一人」等的說法在在把其弱點暴露出來，到頭來，情形常變成如徐復觀(1980: 47) 所說的:「儒家思想只具減輕暴君汚吏的毒素的作用，只能為人類的和平幸福描出一個眞切的遠景，但並不曾眞正解決暴君汚吏的問題，更不能逃出一治一亂的歷史上的循環悲劇。」

根據謝扶雅 (1956: 254) 的解析，儒家為主體的道德倫理是交互主義，「導於求偶的本能，主基於家族道德，……，它代表著『中』的人生態度。」這個「中」的倫理思想著重「差等」而不重平等，重「自得」而不重「自由」，其表現在日常生活中實際之行動上的，費孝通 (1948) 稱之為「差序格局」。差序格局最明顯的特徵是以「己」為中心的同心圓，依血緣、地緣、或其他標準 (如同寅) 的親疏，由近而遠依次遞推，勻稱而有條理。《書經・洪範》謂「彝倫攸敍」，〈盤庚〉謂「維齊非齊」，《禮記・大傳》中說:「親親也，尊尊也，長長也，男女有別，此其不可得與民變革者也」，都很清楚地道出了差序倫理觀的意思。

以「己」爲中心之差序格局的生活世界，乃建立在對己做自我約束的理想規範形構上，舉凡孝弟忠信在在均以強調個人行爲之檢束爲出發點。於是，講求的是「爲人謀而不忠乎？與朋友交而不信乎」、「主忠信，無友不如己者」、「弟子入則孝，出則悌，謹而信，泛愛衆，而親仁」，最後來是實踐「克己復禮」、「恭寬信敏惠」的道德基素「仁」。在這強調克己、但又重視差序格局的世界裏，道德之施與是有等級的。落在俗人眼中，一切具普遍意義的標準在俗世裏是發生不了作用。既然人與人的關係隨著親疏可一表三千里，待人標準也就因人而異，一定要問淸楚對象是誰，和自己是什麼關係，才能決定拿什麼標準來應對。如此特殊化人際的關係，依據的是對方的特殊人格或條件。因此，在這樣的關係中，始終有「例外的」，「例外」其實即是一種正常。也正因如此，才會有「王卿公侯，可以免責」，產生了相當明顯的上下尊卑有「例外」的差序關係。

講求親疏遠近、又重上下尊卑，很自然會轉變使得「情」與「勢」成爲決定人際關係的主軸素。原儒的禮教，在此現實情況下，很巧妙地被轉化成爲一套很具特色的「人情」法則⑭。事實上，人是情感的動物，只要是人，卽有人情，原本不足爲奇的。但是，對中國人來說，人情有特殊的意思。林語堂說過：「中國人把人情放在道理上面」。俗語也說道：「見面三分情，留點後步。」對中國人來說，人有關係，而無情分，簡直是不可能理解的。這份「常情」因而轉化出中國人特有的一種處理人際回饋的概念——報，楊聯陞（1976：350）有一段話說明中國人的「報」最爲傳神，値得在此引用。他說：「中文裏『報』這個字有很廣泛的意義，包含報告、報答、報償、報仇、以

⑭ 有關這方面的討論，參看孫隆基（1984）、黃光國（1988）。

及報應。這一些名詞的中心意義是反應或還報，而此一觀念是中國社會關係中重要的基礎。中國人相信行動的交互性(愛與憎、賞與罰)，在人與人之間，以至人與超自然之間，應當有一種確定的因果關係存在，因此，當一個中國人有所舉動時，一般來說，他會預期對方有所反應或還報。給別人的好處通常被認為是一種社會投資，以期將來有相當的還報。當然，實際上每個社會中這種交互報償的原則都是被接受的，而在中國，其不同之處是這項原則有由來久遠的歷史，高度意識到其存在，廣泛地應用於社會制度上，而且產生深刻的影響。」Smith (1902) 在〈中國諺語與俗語〉中，對《禮記》中的「太上貴德，其次務施報。禮尚往來。往而不來，非禮也；來而不往，亦非禮也。」加上一則詮釋，他說：「所謂相互報償，在理論上就是俗語中的你敬我一尺，我敬你一丈；所謂得人一牛，還人一馬；或一盒來，必須一盒去，都是這個意思。」有一首詩把中國人「報」的差序特質勾勒得最為傳神，詩說：「天上下雨地下滑，各人栽倒各人爬。親戚朋友拉一把，酒換酒來茶換茶。」

其實，中國人講「報」亦即西方人所謂的「互惠交換」(reciprocal exchange)，所不同的是交換中之「分配公正法則」(distributive justice)的性質上面。中國人講「報」，本質上是無限延伸的，「受人一日恩，終生難還清」，「錢債好還，人情債難清」。「報」因此與「人情」糾結在一齊，成為一體之兩面。在這高度人情負擔的「報」觀念下，中國人的黨羣感也因此特別強烈。對中國人來說，對親近的人多加提攜照顧，是天經地義，義不容辭的，這是「人情」，不可淸除的。因此，人情密密麻麻地形成一個相當繁複緊扣而又有差序的人際網絡。這套網絡是界定一個人社會存在的意義，也是生存所賴的社會條件，關係緊要得很。

中國人不是不明白人情過份泛濫的惡果。古人卽常以「不可欠人人情」來告誡子孫，否則「拿人錢手軟，吃人飯嘴短」。〈袁氏世範〉有一段話刻畫得很好:「居鄉及在旅，不敢輕受人之恩。方吾未達時，受人之恩，每見其人，常懷敬畏，而其人亦以有恩在我，常有德色。及吾發達之後，遍報，則有所不及，不報，則爲虧義。前輩見人仕宦，而廣求知己，誡之曰『受恩多則難以立朝』，宜詳味此。」面對如此可能的困境，中國人處理起來，自有一套方法。這套方法說來說去還是回到自我約束的道德修養工夫上。於是，「施恩愼勿念，受施愼勿忘」、「不輕取、不妄動」。但是，問題是多少人能有如此的修養，到頭來終究令人懷疑的。由於芸芸衆生終難個個成爲道德修養高尙的君子，而往往只是「小人」，如何地去「報」，就不免與人情一表千里的傳統習性糾結在一齊，這就不免扞格到「仁」的理想原則與原始精神了。於是在現實社會中，「仁」的理想精神內涵被推到一邊，以「報」爲核心的人情網絡很自然地成爲實際社會運作的主幹。情能所施，縱然背悖「仁」之理想法則，亦無不及。大體而言，此情一般以「關係」爲主軸來推動(費孝通，1948)。一旦關係達不到，則百般拉拔，尋找間接「關係」，好歹也要拉上。再拉不上，則利用「權勢」與「金錢」來塡補「人情」差序上的空檔，其結果常常是，終究還是可以補上的。

嚴格來說，對中國人，「權勢」與「金錢」不只是用來塡補「人情」所未能及的空隙，而且也用來添加「人情」的份量，以拉近差序上的距離，使兩個人更親、更近。職是之故，「人情」、「權勢」、「金錢」三樣社會資源經常是糾纏在一齊，互輔互成，相互滋長推動。俗語中常說的「拉關係」、「走後門」等，就是這三種社會資源總動員的綜合表現。譬如，爲了蓋房子向市政府申請建築執照，必須經過層層的官僚關卡核准。承辦人手中握有權力，對於非親非故的申請者，往往就會扳起鐵面無私的臉來個公事公辦；惡勢的則假公濟私，利用合法權力來掩護醜惡的私利動機，乘機刁難，詐取申請者的賄賂。面對這種差序格局心態引申出來的實際情況，爲了讓建築執照順利下來，當事者往往不免要先打聽一下有關承辦人員是誰，然後，再找與這些承辦人有「人情」關係的人，託他用「錢」與「情」打點打點。一旦「人情」和「 金錢 」不足以動之，則往往再想辦法，透過層層「 權勢」，找個有「辦法」的人向承辦單位的主管施以壓力，如此這般地多方多次運用，往往是無往不利，最後，事情總是辦成的。

總地來說，儘管儒家發展了一套相當自衍的道德系統，做爲指導社會現實運作的理想形構與法則，但是由於種種的原因，這種著重內斂自修的實踐道德終於使得其「差序」倫常的基準被扭曲，在現實世界裏，演變成「人情」、「權勢」、「金錢」三角關係過份泛濫的格局。道德修養高尚，人家恭維稱爲「君子」、「聖人」，但是，弔詭的是，芸芸衆生卻寧願爲名爲利而當小人。道德因此成爲人們掛在口中的空泛名辭，人們說歸說，理想歸理想，現實的利益終究還是最爲要緊。如此一來，名實於是嚴重地分離，理想的道德形構成爲社會上最大的諷刺教條。說來，這才是當前臺灣社會問題最最根本的歷史與文化癥結之所在。

六. 政治、文化危機和經濟成長的弔詭發展
——當前臺灣特有的社會條件

從上節的敍述，我們發現，理想與現實脫節以及名與實的系統嚴重剝離，早已是深受中國中原文化影響之社會的普遍現象，實不足引

以爲奇怪的。按理，在這樣的情形下，社會應早已是問題叢生，令人不滿意極了。然而，今天，我們實很難考證古人對中國社會是否很不滿意。我們唯一能揣測的是，對生活在那樣的環境裏的人來說，或許因爲一直缺乏另外足資比較的理念標準，長期下來，人們早已習以爲常，把這種脫節分離現象當成社會之常軌，絲毫不以爲忤，問題感自然也就不容易產生。一旦社會裏的大部份人沒有問題感，問題充其量只是「客觀」地潛伏，而不會明顯地展現出來，也許這就是中國社會雖一直有嚴重名實分離，且理想始終與現實脫節的現象，但社會秩序仍然能夠平順地維特下去的緣故。準此來看，儒家倫理規範形構的超現實性充其量只是催動名實分離的歷史條件，卻不是引發問題意識的主觀而直接因素，中國人會感到名實分離是嚴重，說起來，乃從十九世紀中葉西方人本與實證思想傳入以後，才逐漸意識到的。

在前文中，我們提及近代歐美社會的基本理想形構是以個人爲本位的人本主義。從十七世紀以來，西方社會卽逐漸發展出一套強調個人爲主體的社會思想。他們強調個人是社會中不可再分割的最終基本單元。在這樣的前題下,維護個人自由,保障個人生存機會與發展，肯定個人自我尊嚴，遂成爲社會中流行的共同信念。與這個信念聯帶相伴而生的是相信和肯定人與人之間權利的平等，以及確認源於成員之自由意志的契約性同意是政治權威的來源。由這樣的契約論所推衍出來的理想形構，強調的是個人自由與平等，人與人關係的理想形式是著重權利和義務的契約性關係。社會秩序之特點不在於民俗與民德爲經、公共輿論爲緯的規範上，而是成文法律。在如此條件所形塑出來的社會中， 公共領域乃從私人領域中釋放出來 。 二者之間要求有一相對清楚的劃分界線，彼此之間不能任意游走而毫無規範分際的。因此，現代社會的理想系統形構強調的是法治爲本的行爲邏輯演繹，基本的價值取向是肯定形式平權的普遍主義，講求的是著重公益與博愛的市民責任倫理。

在此，我們不擬評論這套理想系統形構法則的優與劣或對與錯，因爲這不是本文的主題。我們要指出的是，由於自從十九世紀以來，西方文明在世界社區中具有優勢主導地位，這套理想系統法則隨著西方優越的軍事、經濟、與政治力量傳到亞非社會，成爲全球性的優勢力量(葉啓政，1985)。很明顯的，在臺灣這麼一個向來以差序人情和權勢爲日常生活實際活動之現實指導原則的社會裏，要充分貫徹平權的普遍主義，重視法治，強調著重公益與博愛的市民責任倫理，並要求公私分明，無疑的，並不比充分實踐傳統儒家之君子道德和大同理想的理想形構來得容易。因此，以此外來理想系統形構與法則來反照現實狀況，其結果往往是失望的爲多。原本，社會裏的理想系統形構與法則就已是徒具形式，如今又有了外來理想系統形構法則的介入，理想與現實間之裂罅感無形之中更是加深了。尤其外來之價值理念又具有優先主導性，它不但成爲社會的主導理想系統形構與法則，同時也被用來當成批判社會現實實行活動的論說依據，社會諸現象的問題性於是乎更被確立。說來，正因爲現代化內涵之系統結構強制性與傳統文化、社會、和心理特質所開展的現實結構相互推動，牽引出來的只有是更多的不良「適應」併發症。

大體而言，促使現代工業資本社會共存問題所以在臺灣地區加速或加劇發生，或因而產生另外的併發症，推其因素，至少可以從三方面來考慮。其一是，世界分工體系形成後，爲了自身利益，核心社會所釋放出來之結構性剝削與宰制機制，加諸於如臺灣這樣之邊緣社會所衍生的結果。其二是，社會大衆，尤其權力精英，對現代化及其可能內衍現象，因認知不足，無法充分掌握其脈動而引起了結構性的後遺症。其三是，百年來臺灣特殊且尷尬政治格局帶來或加劇了生存、正當性、系統、與認同等危機，也因此加速或加劇了問題的嚴重性。

二十世紀以來，兩次世界大戰促成了世界分工體系焉然形成。資本主義工業化經過長期的發展，核心社會的產業結構必須靠更新轉化才能維持其生機以確保經濟利益。其中最爲明顯的是，在諸如工資高漲、技術更新、與環境保護聲浪高漲等等的壓力下，高污染、勞力密集、但卻又與民生有關的工業於是乎從核心社會釋放出來。一旦邊陲地區（如臺灣）有意願、也有能力吸納此等被釋放出來的產業，在雙方各取所需的互利條件下，這些產業就在所謂「獎勵外人投資」的策略下進來了。當然，純就經濟發展的角度來看，如此「檢現成」方式的產業移植，在缺乏技術、資金、但具充沛之廉價勞力的條件下，似乎是一可行的發展策略。如此做，起碼做爲起步，對安定民生、帶動資金累積、或刺激技術創新……等等，似乎是有所助益的。但是，倘若以更爲寬度且前瞻的角度來看，這樣的發展策略卻也隱藏了一些問題，並界範了問題的特質。譬如，爲了圖謀經濟成長，甚至在已充分意識其可能產生之危害的情形下，不惜接納高污染的工業。但卻又因缺乏因應之能力的發展策略，勢必嚴重地破壞生態環境。到頭來，經濟是有所成長，人民物質生活水準也提高了，但是，人們生活的環境卻更加惡劣，其所付出的社會與心理代價，往往實非經濟成長所賺入之金錢可以補償的。

透過國際分工體系，核心社會所加諸邊陲社會的影響，並不只侷限於高污染工業移植所帶來之生態環境問題，而是滲透到社會各個細微部門的宰制所牽引出來的問題。以臺灣的城鄉人口遷移與資源分配爲例。一向學者以爲其所以形成乃是工業化促使都市形成的緣故。但是，城鄉人口遷移並不只是來自工業化本身，而是農業被納入世界市場的商業網絡後形成之農業生產結構所引發的現象。一方面，爲了支撑工業發展的意識形態與目標，政府以低糧價政策擠出農業人口，提供工業生產所需的勞動力。另一方面，爲了平衡貿易順差以保護自身利益，如美國等強勢力量逼迫我們進口農產品（如火鷄肉或水菓等等）或限制我國農產品（如稻米）出口。凡此等等舉動在在打壓農業發展的自主性，也因此導使鄉村與農業危機加深。

再如，在國際分工的格局下，由於核心社會掌握有高科技的生產能力，也因此掌握較爲優勢的生存機會控制權。其結果之一是，在追求科技文明之現代化意識形態支配下，邊陲社會往往成爲核心社會傾銷被淘汰次級品質或具危險性科技產品的對象；同時，也常常被核心社會充當現代科技產品的實驗犧牲品（如推銷未正式具安全證實效果的藥物）。凡此種種皆是國際分工所形塑之勢力位階牽引出來的結構性問題，在邊陲社會中常常可以看得到。此等問題，正因爲其癥結乃出於國際勢力優劣競爭結果所形成之外部結構性宰制，邊陲社會所承擔的禍害往往是難以避免的。

撇開因國際分工之結構邏輯所衍生之外部因素不論，現代化所內衍之問題所以可能會加速或加劇產生，尚牽涉到社會自身的內部因素。這是締造臺灣社會問題之「特殊性」的特殊因素，最値得加以注意。

爲了謀圖獨立生存與富裕生活，邊陲社會致力於「現代化」（尤其工業化），向核心社會學習，乃常見的現象。姑且不論向核心社會學習、並移植其文化是否恰適，可以預見的是：由核心社會移植過來的文化內容，對絕大多數的邊陲社會，往往缺乏被良性吸收的條件。社會原有的理想形構與現實客觀結構型態，諸如權力關係、價値、信仰、思考方式等等，都足以使人們在吸收外來文化時，在認知與行爲上產生差距，導使問題衍生或加速嚴重化。如上文中所提示的，有些問題（如城市中的居住、交通、污染、治安問題）乃是「現代化」發展邏輯所衍生的。也就是說，只要走上這條路子，任何社會似乎都將無以完全倖免的。然而，對邊陲社會而言，現代化的結果所產生的問題癥結，卻往往不單純出於此結構必然性所引發的特徵被顯現出來，而是因為對現代化認知偏差和經驗不足，不知從核心社會吸取經驗以有效防範未然，同時也往往因缺乏結構性的支援力量（如財力、人才、與技術），無能力提供周延的規劃或補救策略，終導使問題的嚴重性加劇。就拿三重、永和、板橋等地的都市規劃為例。今天，在此三地，我們所看到的是道路狹窄，交通擁擠不堪，其所以如此，顯然一開始缺乏具前瞻性之周延規劃與財力支援是其中主要的因素。諸如此類的以前現代心態或認知方式來經營現代化事業，一直就是臺灣社會的特徵。另一個明顯例子是，我們有了「現代化」的高速公路，但百姓卻始終缺乏使用所應具有的相對應認知與行為模式。舉凡缺乏安全車距觀念、行走肩道、任意超車……等等不一而足，都在在顯示空有「現代化」的硬體設施，但是，一旦缺乏相對應必需具備的認知與行為軟體條件來搭配時，終將因無法克服結構性的缺點，問題會變得更形嚴重。

由於認知不足或偏差導致社會問題更形加劇，基本上可能是一種原無不良動機滲攪的無意行為，其過失不是出於惡意，追究起來，還尚可以原諒的。但是，一旦一個社會的問題之所以嚴重，並非完全由於無知所促成的「中性」過失，而是基於某種有意的私利動機導致的結構扞格，那麼過失就得追究，也就比較可能牽涉到社會責任倫理的問題了。說來，這四十年來臺灣社會中許多問題之所以滋生且更形嚴重，有一大部份卽是這種可以避免、卻又沒避免之不良結構扞格所引起的。

從上節的敍述，我們看出，以儒家差序倫理爲基線的傳統理想系統形構與法則與以西方平權倫理爲基線的現代理想系統形構與法則之間，基本上是有矛盾之處。對活在這個時代的臺灣人來說，如何在這兩種理想系統形構與法則之間找到一個妥當的平衡點或尋找融合之處，自然是重要的課題。但是，歷史告訴我們，來自西方之理念價值因具有優先主導性，在我們的社會裏早已被普遍認定爲追求的理想系統形構與法則了。如此一來，不但傳統與外來理想系統形構與法則之間有矛盾對立之處，社會中實際運作的現實法則與理想系統法則之間（不管是外來或本土的）也有扞格。在此多重的矛盾對立情況之下，一旦以外來理想系統形構與法則爲圭臬來反顧社會現實表現，自然感到處處不滿意，問題感特別地明顯。特別是對奉外來理想系統形構與法則爲理想之知識份子，其感受到的問題感更加是深刻而明顯。

按理，西式理想系統形構與法則傳入臺灣，少說也有近百年歷史，但是，它卻始終難以落實生根。推其原因頗爲複雜，不過，其中有二個歷史條件似乎相當具決定性。其一是，當初日本殖民統治者本身卽沒有使此理想系統形構與法則充分實踐的誠意，因此，也就缺乏使之落實的努力。其二是，雖然國民黨政權自稱是民主法治的政府，但其骨子裏所秉承的是中國傳統掠奪式的東方專制威權主義。因此，講求民主法治之權利與義務的平權格局，在我們的社會裏，始終就只是一個「名」，一直就缺乏轉化成爲「實」的誠意與實際努力。相反地，傳統講求差序人情與關係的實行行爲模式卻一直是主宰社會資源分配的實際動力。這種現實實行法則，不僅與強調社會公益與公民責任的西式理想系統形構與法則扞格不入，而且也常常與儒家以「仁」爲核心之理想倫理的基本精神相背悖。如此的多重「名」與「實」分離帶來的是正當性危機，也更加深了系統危機，所挑動的問題自然更形加深。

我們如此地說，並無意過度膨脹「政治」因素的社會意義，更無意主張以政治化約決定論來簡化整個問題的複雜性。我們只是企圖指出，欲瞭解當前臺灣社會問題，從「政治」因素下手是具有特殊的歷史意義，也具有去腐生肌的理療作用。「政治」因素的考慮之所以重要，大致有三個理由。其一是從學理上來考察「政治」在社會系統中所具的普遍意義；其二是「政治」在中國歷史傳統中所扮的特殊角色；其三是「政治」在當前臺灣社會所處的特殊地位。底下，讓我們分別簡單敍述一下。

在人類的社會裏，「政治」體系是一個制度化的權威體，具有把一個社會的集體理想和目標付諸實踐的作用，它乃轉化理想成爲現實的運作機制力。Parsons (1951) 卽以爲，對社會體系而言，政治具有「目標達致」(goal attainment) 的功能。準此，政權擁有者的能力、道德操守、對集體理想的認同程度等，在在影響整個社會理想與目標的貫徹。尤其，在社會愈來愈科層化的情況下，政治所扮演的社會角色無形中更爲重要。任何政策上的誤導、爲政者無法秉承公平社會正義的純正動機而行事，都足以爲社會帶來問題，或添增它的嚴重性，也因而產生無謂的浪費和損失。

第二、在傳統的中國社會裏，政治一直就居主導的地位。徐復觀(1980) 以爲這與中國人之權威性格有關，而權威性格的養成又與差序格局之禮治傳統有密切的關聯。誠如費孝通 (1948) 所指出的，禮的規範是依靠經驗累積的傳統，乃從敎化中養成了對個人的敬畏、服膺之感，而不是靠一個外在權力來推行的。因此，「中國傳統的差序格局中，原本不承認有可以施行於一切的統一規則，……」(費孝通，

1948: 55）在此情形下，政治權力乃代表整個社會之差序格局中的權威體，它既不具橫暴性質，也不具同意性質。「既不是發生於社會衝突，又不是發生於社會合作；它是發生於社會繼替的過程，是教化性的權力、或是爸爸式的。」（費孝通，1948: 70）這樣「長老統治」式的政治權力型態本質上是擴散涵蓋性的，原則上其所欲而可能干涉的是人們全部的生活，對任何人點點滴滴的行為都應當而且也可以干預的。

在長老統治的政治理念傳統下，政府是無所不能、無所不管，常常是「大有為的」，而官員則是「為民父母」。任何措施不視為是其理所當為的責任，而被視為是「德政」或「為民造福」。政治的本質是施捨，也是恩典，而不是義務，更不是責任。這樣的心態，無疑地使中國社會裏「政治」體系所釋放出來之「權力」至高無上，而且具武斷恣意性。它不容被挑戰，也不能被懷疑。於是，儘管它現實表現的可能是暴虐，但是，卻要求被視為是動機上純潔，道德上無瑕疵的德政。因此之故，政治所具有的實質地位比任何其他社會資源來得更具「初基性」（primacy），它往往成為換取其他社會資源（財富、地位、聲望…等等）的最原始型式。在此背景下，政治遂成為中國社會運作的最核心主幹，千年來都是一樣的。余英時（1976）即以為，在中國，君權一直就是駕凌仕權。在君尊臣卑的權力結構中，上下尊卑的差序格局定了型，成為中國人性格中根深蒂固的一部份，牢不可破。

在國家大一統，天下太平時，恣意武斷的政治權力所具的優勢性，尚可因被統制者因循圖求平安過日子，而不為人們明顯地感受到。但是，當社會處於分裂或有危機時，政治優勢的可能暴虐危害性就明顯地浮現出來了，其所具的「恣控」性也往往隨著危機的程度而躍昇。這四十年來臺灣社會問題之所以嚴重，這是一個關鍵。為了對這個問題癥結有所瞭解，需要從臺灣的歷史背景來著手。

在中國歷史中，臺灣一開始就被視爲化外的邊陲地區，乃「冒險家拓展的邊區。在這天地裏，人們可以較不必受傳統文化的束縛而較獨立。」(陳紹馨，1979: 516) 這樣的邊陲性格，歷經荷蘭與西班牙、鄭明、滿清、以及日本的統治，幾百年下來，促使臺灣地區具有相當特殊且自主性相當高的文化色彩，臺灣人也不免因此形成特殊的集體意識。1945 年臺灣主權歸於中國以後，由於語言隔閡、臺灣本土意識的作祟、政治權力與經濟利益的矛盾、生活習慣的不同等等因素，臺籍人士與大陸人間不免存有某種程度的緊張，也爆發了幾次的政治衝突事件。事實上，以臺灣長期脫離中國的歷史背景來看，衝突產生自是可以預期，但是，倘若處理得當，假以時日，衝突理當會逐漸緩和，社會緊張也可以因此日漸消除的。不幸的是，1949年中共佔據大陸，國民黨政府播遷臺灣，政局頓時緊張起來，社會內部危機意識隨之升高，並且產生質變。在此情形下，國民黨政府戰戰兢兢，不但要努力克服上述分割歷史表現在社會資源合理分配上的所謂「省籍」間的緊張，而且還得對付海峽對岸中共政權蠢蠢欲動的野心。幾十年下來，隨著中共利用種種方式一再逼進，也隨著島內部份人士要求權力重新分配的聲音提高，危機意識不但沒有消減，反有日趨明顯的勢態。更重要的是，危機所呈現的是多面。它不但顯現出生存危機，也披露出正當性危機與認同危機，同時，也因這些危機與上述對現代化認知上的不當相互糾結，加深了「系統危機」的程度。

當一個社會有著強烈的生存危機之威脅，尤其此一危機挾滲著政權有正當性危機與人民有認同危機時，爲了保全政權繼續存在並有效施用其權力，執政者不外乎有下列三種作法: (1)、調整實際的實行模式以吻合理想系統形構內涵之邏輯演繹出來的行動規則，(2)、重新形塑另一個理想系統形構來對應既有的實際實行模式，或 (3)、任由理想與現實產生邏輯上的不一致性，以強制手段透過教化和監視威嚇機制來鞏固其統治能力。大體而言，國民黨政府所採取的策略是屬第三種作法。其所以如此，基本上有二個要件是相關的。第一、西方傳入之民主法治的理想系統形構，在這個時代裏，具有神聖優位性，已成爲形塑政權正當性的普遍共設信念。這是不容輕易翻動的。第二、統治者與人民承受中國傳統長老威權式政治文化影響甚深，整個社會結構乃深植於這樣的文化基石之上，結構慣性所支撑之社會的實際運作使得，任何絲微的根本性翻動都會危及既得利益階層。於是乎，在既抵不住民主法治之理想形構的潮流，又不願放棄既得利益的情形下，抱殘守缺地懷抱僵化而虛幻之意識形態不放，把政權之正當性建立在不切實際的宣稱上，雖然尷尬、風險大、挑戰大，危機也大，但卻也是別無其他選擇的作法了。

把政治權力的正當性建立在不切實際的宣稱上，勢必使正當性賴以形塑的理想系統形構萎縮、扭曲⑮，而威信喪失。但是，由於理想系統形構畢竟在「名」上具有神聖權威性，於是乎，對權力體本身而言，儘管其實際之實行模式乃依循自身利益之考量而衍生的邏輯行爲，是具有優位性，但卻也不能不輕易把理想系統形構的「名」廢

---

⑮ 尤其是其中的表現結構法則會備受扭曲。由於社會存有預設命題乃界範理想形構的基石，它具有無庸置疑的神聖性，因此是確立政權正當性所不能輕易更易的。況且，對一般人而言，他們缺乏細緻之「理性」邏輯思考習慣，往往無法清楚地洞察整個形構中命題轉化時的邏輯性。準此，當政權爲了鞏固其權力而不惜扭曲形構之邏輯性時，其所常採的策略高明者，往往是添加有利於己的存有預設命題以來改變整個形構之邏輯性；手惋低劣者，則在轉化存有預設命題爲表現構結形式過程中，添加許多但書以來「合理化」地豐富其推論演繹，或甚至扭曲其邏輯而直接按裝上其預設的結論命題。

棄，相反地，又必須以種種扭曲粉飾的方式來供奉這個「名」。其結果是，名與實雖然實際上嚴重而明顯的分離，但卻又得叫自己，也叫人民假裝看不見，或假裝相信二者是符合呼應的。爲了應付這樣名實分離所可能引發之正當性邏輯危機的威脅，當政者一方面壟斷大衆傳播媒體與學校等教化機器來灌輸其所形塑的意識形態，另一方面透過監視威嚇系統來挾制異議聲音。如此軟硬兼施的方式，固然不能「如實地」化解名實分離所產生的正當性邏輯危機，但卻可強化支持其權力結構的人口，也可減削行動上反對的人口，或至少讓態度冷漠中立的人口保持一定相當的數量。在這樣的情形下，行爲上的「忠貞」輸誠表現，就成爲判斷人們之歸屬類別的重要要件，也成爲形塑支撐權力結構的必要條件。

事實上，忠貞一向就被人類看成是一種高尚的道德情操，傳統儒家倫理尤其是重視的。就其內涵而言，「忠貞」即意味有「不忠」的可能性，而不忠亦卽表示有不信任與有所懷疑的心理狀態。因此，在任何社會裏，一旦忠貞成爲人們意識中的重要議題時，對不忠的認定需要往往就相伴而生了。針對此一二律背悖的心理特徵，重視人權之現代法治社會卽透過法制來化解。法律乃意涵經由具普遍效準之制度化遊戲規則的訂定，可以使「忠貞問題」脫離個人或少數人武斷恣意認定的風險而實徵化，也中性化成爲「不成問題」。如此可以使「忠貞」的議題某個程度上在絕大部份的場合中消失掉。這也就是說，在法制規則的規範下，只有行爲是否背離法律規則的問題，而不必要再附加是否「忠貞」的武斷標籤認定。因此之故，在絕大部份的情形下，只有在與普遍效準之法制規範不具威信或不能產生作用時，忠貞才有可能成爲重要的考慮要件。

誠如上節中所指出的，中國人一向強調的是互動關係中雙方的交互差等性，而交互差等性又是取決於「人情」與「關係」投射出來的不等關係。情濃者，關係密；關係密的，情也必得要是濃的，反之亦然。一旦情未能透及的，則必得以其他社會資源來補充，「權」與「錢」就是其中兩種最主要具概化象徵的交換資源。於是乎，人情、權、與錢三者交錯編織出中國人複雜的差序關係網絡，也成爲一個人在人際網絡中形塑、經營「氣勢」的基素。如何利用此三者來造勢而得勢，也就成爲一個人成功與否的要件。在如此文化傳統影響之下，如何在人羣中畫圈圈，形塑具差序的「黨羣」就變得相當重要，也成爲應付危機時首要考慮之要素。行爲上的「忠貞」輸誠表現，於是乃成爲收編與吸納成員的基本條件。

在傳統宗法制度與田園社會結構交互搓揉下，黨羣的結合基礎基本上乃落在具歸屬（ascribed）意涵之同質屬性，諸如血緣（同宗或親戚）、地緣（同鄉）、同學、同事等等上面，尤其是以利益爲結合的關係中，更必得先牽拉出一些「同」的人情關係來做爲底子。這種以「己」而「黨羣」之私利爲基礎，靠人情，佐以錢與權力來編織的「勢」力羣體，同時兼具了「初級」與「次級」團體的特性。因此，縱然黨羣（如政黨）所具之理想社會學意義乃是，以工作職責或利益爲本，具工具與局部性的「次級」關係，卻又必須以具擴散、全涵、情感爲本之「初級」方式來做爲運作的底子。在此，人的關係缺乏西方理想系統形構與法則所強調區分「初級」（如家庭中的親子關係）與「次級」(如工作場域中從屬關係）關係的必要性。相反地，在任何關係中都看得到，甚至要求「初級」與「次級」性交互搓揉；套句俗話說，即公私不分，基本上乃缺乏西方人要求公共與私人領域必須明確劃分的特點。

不管如何，忠貞成爲必要考慮時，其所強調的必然是針對某一個人或某一羣體的認同與順從，這基本上就具明顯的差序間隔化，在人羣中分出「我羣」與「他羣」。雖然在社會裏，產生「我羣」與「他羣」原本是十分自然的現象，適當的「我」與「他」的區分也有助於一個社會維持凝聚的生機活力。但是，假若一個社會的理想公平正義法則是建立在全民權利和義務的合理分配的前題上，「我」與「他」的區分一旦壁壘分明，而忠貞於某一小「我」羣乃爲獲取資源利益分配的準則時，則「我」與「他」之區分所具的破壞意義就大於建設意義了。

由於不忠乃忠貞成爲議題的相伴心理要件，一旦忠貞被強調，亦即「不忠」的認定成爲必要，而不忠所內涵之不信任與有所懷疑的認定也隨之成爲形塑「我羣」與「他羣」的必要心理條件。這樣的要求無形中爲社會帶來緊張，也帶來社羣對立的可能性。尤其當社會處於多重的危機狀態時，爲了篩汰信任度，對行爲順從者給予獎勵，反之，對行爲背悖者給予懲罰或威脅，也就迫切需要了。在此壓力下，人們爲了驅凶就吉，養成阿諛曲膝、卑恭順從、虛與委蛇、表裏不一的「輸誠」順從心理與慣性行爲，也就不足爲怪了。同時，「忠貞一不忠」之對偶緊張的存在擺在高度危機的情境裏，統治者容易因不安全感的存在，對人民產生不信任感而引發幻想症。不安全與不信任雙重的壓力導使幻想變得相當豐富，就體制設計而言，也因此促使統治者一再強化虛幻政治圖騰的教化工作，也力圖更加鞏固其監視約制體制。其影響所及，一方面使教化內容更加神化、也僵化，另一方面，使負責監視約制的人員的幻想力泛濫而瀆用權力來挾制人民。長期下來，社會裏自然地充滿着不安全與彼此不信任的緊張，虛與委蛇的表裏不一心態也隨之成爲普通的心理特徵。在位者往往因爲隨時有被顛覆的不安感而滋生迫害心理與幻想症狀；在下者則因面對高壓與名實分離而不安，產生了被迫害的恐懼與幻想症。整個社會呈現的是一種類似精神分裂與雙重人格的症候羣。人與人之間互不信任，有了信心危機之外，更產生了信任危機。

很明顯的，在這樣的多重危機壓力下，基於心理上不安全的驅迫，也爲了未雨綢繆，人們往往會罔顧社會的理想法則，企圖盡個己所能動員的資源來保護自己。長期下來，原本是不安全心理作祟的自保行爲，卻被制約成爲是社會中普遍的貪婪心理。不擇手段地以欺詐、貪汚、或強行掠奪的方式來歛財，遂成爲相當普遍的「正常」現象。其實，在中國式的威權專制社會裏，差序格局的心態早已助長了國人這樣的歛財習性。對於國人而言，人情道理乃建立在如三綱五常之差序對偶倫理之上，仁慈之心或人情味基本上不越過此倫常所編織的範圍。在這個範圍內的，才以「人」對待，講究人情味，也講究誠信；在此之外的只是「陌生人」，對他們是不必要以人情味對待，也不必要講究誠信的一般範疇。在個己心目中，這些人不是「人」，因爲他們不必要施以人情。因此之故，我們常可以看到，對陌生人，中國人常常是冷漠不關心、懷疑猜忌；惡劣的，則是欺壓、想盡辦法占便宜。很明顯的，一旦處在危機狀況時，這種心態就更加明顯地披露出來了。

總之，倘若社會裏「黨羣」對立意識十分強烈，而個人利益又必須高度依賴羣屬來支持時，羣屬利益之現實考慮自會駕凌重視合理公平性之社會正義理想系統形構，終使現實實行行爲模式成爲最終之無上命令。尤其，當政治利益與其他利益（尤指經濟利益）互相掛鉤，所謂社會理想法則又是那麼輕易地可以利用文字來玩弄，理想被扭曲就更爲明顯了。在此情形下，政治權力原具有實踐理想系統形構所內涵理念之制度化機制活力，自然也就隨之被侵蝕腐化了。基於這樣的理路，當前臺灣社會之問題所以會產生或惡化，雖不能單純地歸諸於政治危機所產生之黨屬意識過份膨脹而另有條件，但是，整個社會的問題所以糾結纏繞，此一差序黨羣過度惡化的政治因素，無疑的加速了腐化的速度和嚴重性。準此，惟有先去除此一催化腐敗的因素，才有可能進一步療傷的條件。這正是何以在考量問題時，政治因素具有優先性的理由所在。

其次，在第四節中，我們曾指出，現代化所內涵之政治與經濟面相，對彰顯現代社會問題具有特殊的歷史與結構意涵。在談完了政治的「問題」意義之後，再來關照經濟的面相於是乎變成是必要的步驟。四十多年來，臺灣地區經濟成長迅速，乃舉世共睹的現象，世人甚至視爲是一項奇蹟。是否眞的是奇蹟，在此無關宏旨，我們關心的是，經濟成長的同時，爲臺灣社會又帶來了怎樣的問題。

經濟成長帶來富裕的物質生活水準，自是一般國人樂以見到的成果。但是，很遺憾的是，經濟成長的同時，因上述種種因素，社會中一般文化與人格素養並未能相對搭配地提升，人們普遍缺乏具啓發性與反省性之解讀經濟成長的能力，其結果是助長了人們成爲經濟成長之原型主體——金錢的奴隸。人爲財富所役，而非財富爲人所役。社會裏瀰漫着拜金主義，也普遍呈現暴發戶身上所常見之衝動型展示心態。在芸芸衆生中，固然金錢未必被認定即爲一切價值的基礎，但是，在當前的社會裏，其他的理想與價值只要與金錢一面對，都不免被打折扣。社會當中，甚至尙且有「笑貧不笑娼」的心態。這樣的唯金錢至上的拜金主義所以如此猖獗，誠如上文一再指出的，推其原因與影響，都是多面的。對於當前臺灣社會問題的形成旣具推波助瀾的作用，也可以說是其所表現的結果。兩者互相搓揉，其嵌入社會結構中之深之廣，無形之中往前推了一大步。

拜金主義可以說是資本主義發展邏輯衍生的產物。在商品化的市場社會裏，市場價格成爲認定價値的判準，而市場價格又向以金錢來反映。如此交互的推動顯而易見地助長了拜金的心理。尤其，科技發展刺激生產，生產爲的又是牟利；爲了牟利，資本與科技階層必然大團結，竭盡心力創造人對象徵的慾望，以刺激消費來擴大生產面。在如此物化而異化的情況下，芸芸衆生若非有相當的自省能力和習慣，否則的話，生命存有價値會很輕易地被外化，而以財富、權力、與身份聲望的擁有與否或多寡來評量。

尤其，誠如上文所指出的，現代社會不但人口集中，而且人際互動趨向以弱繫爲本的工具關係爲主。這種關係的本質是浮動、片面、契約化，基本上是屬於陌生人的關係。在陌生、又不得不來往的關係中，人們無從知道彼此的過去，也無意去知道。彼此之間的來來往往只是基於某種互惠利益爲考慮。因此之故，一旦傳統人情關係網絡拉不出來，社會關係的運作也以具概化性媒體（如金錢或權力）的交換爲重了。事實上，如此的互動結構原已必然內涵着，具外顯概化性的社會資源，最容易形塑成爲具普遍共識性的「成就」指標。如此來看，人們會產生拜金主義與追求權勢自是可以理解的。

總言之，資本主義社會的結構邏輯，原已內涵產生拜金主義與追求物質享受的要件，我們實也不必矜持陳義太高的理想色彩來批判。其實，採取現實的立場來看，只要社會裏有一套公平又合理的明確法則來處理資源分配的問題，讓大家都能按照這套遊戲法則來追求財富與權勢，本也不失是可以接受的。因此，儘管用財富與權勢來反映人們的身份地位容或相當庸俗，但若能取之有道，亦尙可視之爲「無可厚非」的舉止。令人痛心，且引以爲是問題的是，倘若社會裏普遍形成一套違背預期之理想規範法則的行爲方式來追求財富與權勢，以合法形式來掩護「不良」動機，那麼，問題感也就自然會產生了。臺灣的情形正是如此，前些年的十信冒貸案與晚近之鴻源及龍祥地下投資公司倒閉案就是明例。其對社會整體的影響可謂相當鉅大，其所及者已不只是債權人的金錢損失，而是整個社會中人與人間信用、信心、與基本理想規範體系的徹底破產，這才是社會問題的核心。

最後，我們要再次強調的是：執政當局之幫會性格所衍生強調向黨屬輸誠的要求，在消極面上，助長了上述有關人之品質的墮落；在積極面上，鼓勵人們，尤其公職人員保持「客氣」，養成「潔癖」。其結果是，敢言直諫者被排斥，視爲異端，甚至遭受欺壓迫害。有心協助改革以圖振作之士，更因必然動搖既得利益而遭受排擠。長期以往，君子遠離，而阿諛獻媚、瞞上欺下、因循苟且之平庸小人當道。官員顢頇無能，上焉者力求大事化小，小事化無，抱持「多做多錯，不做不錯」之息事寧人心態；下焉者則挾持權力圖謀私利，百般扞格與扭曲理想形構的神聖性。這麼一來，決策腐化，使得現代化原本內涵之必然問題導向與認知不足所可能帶來的問題，非但無法化解或減輕，反而更形加劇惡化。譬如，倘若官員肯爲社會公益着想，原應當嚴格執法取締汚染，但卻因顢頇因循、或特權猖獗、或與資本家勾結，導使汚染更形惡化。或如，因受賄或特權壓力，官員任意更改都市計劃，致使原先規劃完善的計劃無法確實落實，加劇了交通與居住問題。又如，警察因私利包庇色情業者或黑道人士，使娼妓與犯罪問題加劇。更如，民意代表或官員利用職權包攬政府工程或物質採購，從中藉偸工減料或以劣質物品出售來圖謀私利，結果嚴重影響公共設施之品質。凡此種種莫不使整個社會之人的品質惡質化，也使社會理想系統形構喪失指導現實運作的神聖權威性，其結果是加劇已是險象叢生之問題的嚴重性，也帶來額外的問題。臺灣不成爲貪婪之賭島或不成爲投機者的天堂，那才是奇蹟。

七. 結　論

總地來說，在人類的歷史中，任何社會都不可能沒有問題。產生「問題感」原本就是人所具的一種能力，也是一種心理狀態。弔詭的是，有「問題感」外，人會產生解決它的慾望。這樣「問題——解決」的循環需求幾乎可以說是人生的全部歷程。雖然佛家力求「化解」問題，使許多問題不成爲「問題」，以減低這種循環需求帶來的痛苦。但是，對社會而言，許多問題的產生卻不是僅靠個己或少數人努力就能避免的。到底，這個社會裏佔大多數的是凡夫俗子，七情六慾橫流，問題要完全去除，幾乎是不可能。更況且，有些問題之根源是古今恒有，有人性和社會本質上的基礎，本就難以完全根除的。準此情形，也許我們只好承擔下來，當它是社會中正常的一面了。

對活在這個時代的我們而言，無疑的，「現代化」內涵的計劃或自然變遷是促使（或加劇惡化）當前臺灣社會問題的先決且具普遍意義的因素。除非我們不願意接受這種旣定內涵的「現代化」，或完全重新界定「現代化」，否則，許多問題的產生是難以完全避免的。任何行爲總有正與反兩面，有得必有失，這是人世間的定律。爲了有更豐富的物質生活內容，我們就得付出代價。當然，並不是任何發生在我們社會的問題都可以歸咎於「現代化」而以爲是無可避免的。許多的錯誤是因爲我們事先認識不清楚，計劃不夠週密使然的。對於這些錯誤，我們可以藉着學習與再計劃來補救。

「現代化」必然爲傳統與外來文化之間帶來某個程度上的矛盾、衝突，也因此使我們的價值與行爲產生適應上的困難。要更改並調適過來，不是一時即可做到的，必須有耐心地以時間來換取。毫無疑問，透過教育管道來調整是相當緩慢，但卻是最根本有效的方式。正因爲如此，我們所能也是應該做的是設計一套方案，以最有效的方法盡可能來縮短尷尬的調整期。對臺灣地區而言，最嚴重、也是最可能立即更改而應當更改的，即是源於特殊歷史與社會條件所帶來的致病因素。

一個「健康」的社會，首先要求有一套具神聖權威性的理想系統形構。更重要的是，這套理想形構必須兼顧人性弱點與社會結構之必然極限性，才有「充分」被轉化成日常生活中的實行行爲而加以貫徹。理想形構本身是一種「理性」的秩序系統設計，也是對社會實際行爲邏輯的一種理性批判基準（rational-critical rule）。健康的社會就在於社會能夠產生制度化的機制，使之有能力不時調整實際所做所爲，以配合理想形構所形塑的邏輯來運行，也會不時孕生對此一理想形構的理性批判加以再批判的能力。一旦社會喪失了這個能力，也喪失了促成此機制有效運作的意願，那麼，這個社會就是有了「病」，也因此不健康了。

理論上，任何理想形構都不可能充分具備完整的內在邏輯一致性，其存有預設命題自身之間可能互相矛盾，而在轉化成具實踐性之表現結構形式過程中，也會因特殊歷史、文化、與社會條件無法充分掌握，使其演繹有瑕疵或斷裂，導致整個理想形構的系統不完整。這個情形施及於中國傳統與外來現代理想形構上面，都一樣地適用。但是，就當前臺灣社會而言，社會所以喪失自我調整與自我批判的機制能力，推其原因，其最重要的並不單純在於因爲掌握不了傳統與外來理想形構的內在系統不完整，也不在於傳統與外來之間所存在的矛盾特質，而是在於：在傳統差序格局的文化氛圍主導下，特殊之政治格局所帶來之種種危機（尤其生存、正當性、與認同危機），使執政當局爲了保全自身利益與政治圖騰，有意扭曲理想形構之內在核心精神使然的。

在長期以來西方文明居優勢的情形下，以彰顯個人自由與平等理想之平權民主法制的理想系統形構，已蔚然成爲社會理想的主導思想。它不但是具神聖權威性的社會秩序基礎，也成爲理想批判的邏輯基準。任何對此理想形構之邏輯的扞格與扭曲，一旦被意識到而形諸於外，都可能帶來社會內部的緊張，也形塑或強化社會問題的意識。只要執政當局無能力、也無誠意貫徹此一理想，都可能帶來名實分離。何況，既有之現實實行行爲規則乃保全自身利益與圖騰符號的既存結構條件，兩者之間原已是共生也共存。在此情形下，任何扞格到既有之實行行爲規則的理想形構，都會威脅到利益與圖騰符號，因此，都會被扭曲、甚至揚棄的。就在這樣現實與理想必然矛盾之權力運作的尷尬情境當中，理想被架空，規範被腐蝕，臺灣社會成爲不折不扣視「掛羊頭賣狗肉」爲「常態」的「非正統」 (inautheutic) 社會⑯。在這兒，人與人間缺乏誠信，也缺乏信心，更缺乏互愛，彼此之間爭奪權與利，以現實享樂爲生命目的。氣勢取代規範成爲決定人與人之間互動的實際力量，而「錢」與「權」之有無則成爲決定「氣勢」之有無的條件。於是，社會理想是被扭曲、規範是被揚棄、問題是被惡化，也被規避，批判力量難以發生作用。我們不確知問題有多嚴重，但是，我們可以確知的是：若要根本化解當前臺灣社會的諸多問題，首要之務是從政治下手。化解諸種危機，並端正政治的正當性、系統性、與認同，將是恢復理想形構產生系統功能的必要條件。

---

⑯ 此乃 Etzioni (1968) 提出之概念。

對一個傳統卽以「政治」爲優位主導力量的社會，先從「政治」來著手改造，自是化解社會諸問題的必要「隨制」要件。這是特殊歷史與文化條件帶來的結構性因素，不能不特別重視的。

參 考 文 獻

余英時

1976 ＜君尊臣卑下的君權與相權＞。見氏著《歷史與思想》。臺北：聯經，47-76。

孫隆基

1984 《中國文化的深層結構》。香港：壹山。

徐復觀

1980 ＜儒家政治思想的構造及其轉進＞。見氏著《學術與政治之間》（甲集）。臺北：學生，41-52。

韋政通

1968 《傳統與現代化》。臺北：水牛。

陳紹馨

1979 《臺灣的人口變遷與社會變遷》。臺北：聯經。

費孝通

1948 《鄉土中國》。上海：觀察社。

黃光國

1988 ＜人情與面子：中國人的權力遊戲＞。黃光國（編）《中國人的權力遊戲》。臺北：巨流，7-55。

楊聯陞

1976 ＜報——中國社會關係的一個基礎＞。段昌國等（譯）《中國思想與制度論集》。臺北：聯經，349-372。

楊國樞

1978 ＜現代性的解析＞。見氏著《現代社會的心理適應》。臺北：巨流，17-45。

葉啓政

1984 ＜有關社會問題基本性質的初步檢討＞。楊國樞與葉啓政（編）《臺灣的社會問題》。臺北: 巨流，7-40。

1985 <文化優勢的擴散與「中心——邊陲」的對偶關係>。《中國社會學刊》，9:1-24。

1986 <當前臺灣社會問題的剖析>。《政治大學社會學報》，22:27-52。

1987 <對社會學一些預設的反省——本土化的根本問題>。《中國社會學刊》，11:1-21。

1989 <心理衛生的文化批判>短文發表於「中國人的心理衛生國際研討會」，臺灣大學公共衛生研究所主辦: 1989年12月26-28日。

謝扶雅

1956 《當代道德哲學香港》。亞洲出版社。

Bell, D.

1973 *The Coming of Post-industrial Society*. New York: Basic Books.

Berger, P., B. Berger & M. Kollner

1973 *The Homeless Mind: Modernization and Consciousness*. New York: Random House.

Blau, P. M.

1974 "Parameters of social structures," *American Sociological Review*, 39:615-635.

Bourdieu, P.

1977 *Outline of a Theory of Practice*. Cambridge University Press.

1990 *The Logic of Practice*. Cambridge, England: Polity.

Capra, F.

1983 *The Turning Point*. (《轉捩點》)（蔡仲章譯）。臺北: 牛頓。

Davis, K. & W. Moore.

1945 "Some principles of stratification," *American Sociological*

Review, 10:242-249.

Durkheim, E.

1972 *Suicide*. New York: Free Press.

Etzioni, I. A.

1968 "Basic human needs, alienation and inauthenticity," *American Sociological Review*, 33:870-884.

Habermas, J.

1989 *The Structural Transformation of the Public Sphere*. Cambridge, Mass.: The MIT Press.

Luhmann, N.

1976 "Generalized media and the problem of contingency," in J. J. Loubser and Others (ed.) *Exploration in General Theory in Social Science*. Vol. 2. New York: Free Press, 507-532.

Lyotard, Jean-Fransois

1984 *The Postmodern Condition: A Report on Knowledge*. University of Minnesota Press.

Marcuse, H.

1964 *One-dimensional Man*. Boston: Beacon Press.

Mauss, A. L.

1975 *Social Problems as Social Movements*. Philadelphia, Pa.: J. B. Lippincott.

Nisbet, R. A.

1971 "The study of social problems," in R. K. Merton & R. A. Nisbet (eds.) *Contemporary Social Problems*. New York: Harcourt, Brace, & Jovanovich (3rd ed.), 1-65.

Parsons, T.

1951 *The Social System.* New York: Free Press.

1975 "Social structure and the symbolic media of interchange," in P.M. Blau (ed.) *Approaches to the Study of Social Structure.* New York: Free Press, 94-120.

Simmel, G.

1950 "The stranger," in Wolff, K. H. (translated) *The Sociology of George Simmel.* New York: Free Press, 402-408.

Smith, A. H.

1902 *Proverbs and Common Sayings from the Chinese.* New York.

當前臺灣社會重利愛財之價值取向的解析

一. 前　言

人有感情，也會思想。感情可以表現在對自己、對其他人、對團體（如鄉園、家、國家、學校……）、對事物、或對自然上面，而且有一定之本能性的心理質素爲基礎。但是，對人類而言，感情的表現卻需要通過思想，使用象徵符號加以飾化，並往往藉物質來表示，使之具備更爲豐富的意義。因此，人類的感情表現是人文化成的，也就是說，必得以具「文化」的姿態呈現出來。

有意義的象徵符號是人羣共享的。一樣的感情行爲體現稱之「文化」的，亦卽必然是「社會」的。如此要求象徵符號必要是「社會」的，其所具共識性，雖非永恆不變，也非絕對普全，但卻必要具有相當的恒定性。恒定性指的是：時間上有持續，施用範圍有所固定，而且指涉的對象有所特定。但是，更爲重要的是：恒定性乃意涵著，行爲背後所附著的感情和思想包涵的內容有著一定的界範，也有一定的方向。表現這樣的恒定性最爲顯著、也最具實際意義的，卽所謂的「價值」和由價值引導衍生的一套特定行爲模式，卽「價值取向」。這可以說是形塑人類行爲之恒定性的最主要面相，因此成爲瞭解人類行爲模式之走向的最主要標竿。當我們說一個人的行爲缺乏目標、散漫、或偏離，「價值取向」的恒定樣態常是用爲判定的主要標準。

大體而言，對於單一個體行爲模式的恒定性，似乎相對地容易掌握，也比較容易理出判準的頭緒。但是，把它施及一羣人身上，則不免會產生諸如是否有共同價值取向或其爲何的問題。這些問題牽涉的，不祇是經驗定義與認定設準的問題，而是哲學人類學上的存有命題，處理起來，相當棘手，也深值爭議的。把這些擺在當前臺灣的場域中來看，容或我們不懷疑「臺灣人有著共同的價值取向」這樣的概率性命題是有著經驗有效性，但至少我們面臨一個相當困擾的問題——其基本共同價值取向爲何？任何類似此一社會共相的指陳，嚴格來說，都不可能具全稱式的效準，按理，都會引來責難，有不同的意見。

在這篇文章裏，我們不能不採取保守的態度面對上述的論述困境。基本上，我們無意在這兒羅列並討論當前臺灣社會之基本價值取向的全貌。全貌是一種全稱式的描繪，用來形容社會，這樣的論述充其量只是一種隱喻式的設定，根本無法「如實」地確立其所指涉的全貌的「實在」範圍。事實上，任何人都沒有能力、甚至無權宣稱社會的全貌是什麼。我們所能做的只是使用「選擇性親近」的策略，以某些片面性的樣相來勾勒「實在」。這樣的「實在」無論如何都會夾滲著論說者的主觀立場，而有其一定的特殊意識色彩。

簡單地說，我們所採取的策略是：從社會之所謂文化、政治、經濟等等面相的歷史脈絡中，可以抽離、突顯出一些自認具有論述意義的結構樣相來。這些結構樣相，對個體而言，乃是展現其所具基本心理特徵的隨制條件（contingency）。也就是說，這些社會結構樣相與人所具有的心理特徵交互作用，可以衍生一套行動邏輯。這套邏輯的運作並非完全明確，而只是表示對行為具有引發、指導的作用，其意義基本上是規約。能否發揮多大的效能，端看當事人對此一邏輯的理路認知和認同的程度，或其所具規範強制能力與實用效能而定。因此，此一邏輯實際上只是開導出行為的可能性。這些可能性會在人羣中形塑出一些共相，價值與價值取向卽是這種共相的一種表現形式。要緊的是，共相只是一種在認知與行動上具有共享的體現，其基本特質是一種可能，而非絕對，也是一種概率性的概括，而非必然性的全涵。其所可能包含的內容絕非完全一樣，也非一成不變；其所可能適用的人口也絕非全部， 而往往僅是部份。因此， 共相指涉的充其量只是一種較凸顯且具優位的可能趨勢，它有隨時被修飾和顚覆的可能性。

很明顯的，以如此的思考方式為底子來論述當前臺灣社會的價值取向問題，我們所能做、也是所希望做的，只是以特定選擇的共相動勢為基線，對當前臺灣社會這麼一個萬花筒，從事特定角度的觀察，藉此提供一些瞭解現象與確立問題的線索。這樣的嘗試原則上應當是守本份，也是謙卑，但卻可以說得上是正當的。準此立場，我們選擇討論的主題是「重利愛財」此一價值取向，而所論述的也將只侷限於此。任何超出此一議題的詰難，都不是我們準備負責回答的。

二. 「重利愛財」做為優勢價值取向的背景與例證

從歷史背景來看，臺灣基本上是一個移民社會。在三、四百年前開發的早期，移民絕大部份來自閩南與廣東客家地區。就區位而言，這兩個地區山多田少而地瘠，加以人口有壓力，一直就有往海外移民的傳統。由於地理上臨近南洋，此地區之漢人一向不若中原地區漢人務農者，有著守成認命性格，相反地，往外發展的冒險精神相對地明顯。是故，當初，閩粵兩地人民移民臺灣，其動機基本上與往南洋移民者一般，泰半屬經濟性，爲的是謀求經濟利益以圖改善家庭生活(蔡淵絜，1986:47-48)。高拱乾重修之《臺灣府志》(1960:185-186)中卽指出：「其自內地來居於此者，始而不知禮義，再而方知禮義，三而習知禮義，何言之？先爲紅毛所占，取其地而城之，與我商人交通貿易，凡涉險阻而來者，倍蓰、什佰、千萬之利，在所必爭。夫但知爭利，又安知禮義哉？」❶

十七世紀以來，荷蘭已成重商的貿易國。當其統治臺灣時，「荷蘭人所移殖於臺灣的制度，雖然事例不少，然而以當時社會狀況而言，最新奇並最異乎中國的，除了前述的農奴勞動機構之外，還得舉出帶有重商主義性格的『商品出產』和『商品流通』」(史明，1980:95) 這樣的重商主義促使漢人移民採取外銷商品爲主的生產方式，強化了重利的特質。「所以，漢人以租賦的名目而繳納於官方的糖、米等農產物，在其生產過程中，就帶有荷蘭人將要銷售海外的商品的性格。此外，繳納租賦之後，還剩於漢人手裡而搬到市場去換取貨幣的農產物等就更不必要提，全然是帶有商業性質而生產出來的勞動果實。……這樣一來，自古就在中國大陸上過慣了自給自足生產方式的漢人農民，他們一到臺灣，乃不得不修正其原來的經濟生活方式，就是說，不但仍然是一個農業生產者，還要學上一些商人性格，才能應付得來新的環境。這可說是在生活上、思想上的一個大轉變的開始。」(史明，1980:90)

在這樣之歷史背景的催化下，臺灣人中養成重利貪財之價值取向

---

❶ 引自蔡淵絜(1986:48)

的有利客觀條件焉然形成。十九世紀中來臺行醫傳教的馬偕先生於其日記中，對當時之艋舺（即今之「萬華」）百姓有一段描述，頗爲傳神，可做爲佐證。他說：「艋舺的人民，無論男女老少，每日皆爲錢而忙碌。他們是物質主義者，執迷的淘金者，並且非常地迷信。」❷臺灣人重利愛財的特點也表現在好賭的習性上，這種情形在文獻中屢屢可見(吳文星，1988)。

在傳統華人社會裏，一般人是否好賭，乃尙有待更多經驗資料來加以佐證。但是，國人深具重利愛財的心理，卻是日常生活中常可體驗到的一般印象。人們常用錢財做標準來比擬其他的價值，也常用錢財來衡量一個人的得失成敗。譬如，臺灣民間常流行這樣的說法：「人格有什麼價值，值多少錢？」、「有錢、有勢，卡要緊啦！有了錢，萬事通」、「見到錢，目開目笑」、「褲頭有錢，就是大爺」、「人爲財死，鳥爲食亡」……等等不一而足。因此，社會裏，人們講究的是「日頭赤炎炎，隨人顧性命」，笑貧不笑娼，有錢就叫爺娘，自古以來，就常爲人們奉爲實際做爲的準則，十分的現實，但卻相當的實際。

就以晚近臺灣地區爲例。自從一九八〇年代以來，社會裏游資過多，人們有了充沛的金錢從事投機性的金錢遊戲。一時間賭風熾盛，玩大家樂、六合彩、彩券的風氣流行；地下投資公司與期貨買賣也生意興旺；玩股票，炒房地產的，更是大有人在。幾年下來，整個社會被捲入狂熱的冒險賭博風暴之中，臺灣遂被譏爲投機冒險家的天堂(瞿海源，1991)。無怪乎，有人戲改 Republic of China（中華民國）的簡稱 R.O.C. 爲 Republic of Casino（賭博共和國）的縮寫，臺灣也因此贏得了「貪婪之島」的盛名，國人甚至自諷式的誇謂

❷ 引自瞿海源（1991）

「臺灣錢淹腳目」。事實上，國人出國遊玩時，酷愛瘋狂採購，出手濶綽早已遐邇寰宇。諸如此類的舉止，無疑的，一再強化了臺灣人重利貪財，具物質主義傾向，與缺乏高尚文化素養的刻板形象。彷彿，在臺灣人的眼中，一切的價值，除了金錢之外，已別無他物了。一切的「前」都是向錢看。

三. 累積財富做爲重利之價值取向的表現形式

在俗世裏，一般芸芸衆生都難以逃脫掉貪、嗔、與癡的業障。人所求的，莫不期盼自己的生活過得更安心、更舒適、也更豐裕。講究榮華富貴，享受人世間的物質文明，在人與人之間排比權力、財富、地位、與物質擁有品的高低與多寡，幾爲普遍的共同現象。雖然，理論上，凡此種種並不能完全化約成金錢來看待，但是，金錢卻是其中最重要，也是最基本的媒介，扮演著關鍵性的角色。

金錢是一種具象徵概化性的交換媒體（symbolically generalized medium of interchange)。(Parsons, 1975) 它是一種抽象價值，乃是對經濟客體的一種特殊實現（realization）。(Simmel, 1978:120) 在人的日常生活中，金錢所以被使用，其價值並不在於其自身，而是其背後所具有的概化性的象徵代表意義。概化性乃是相對於特化性（specificity）的一種說法。基本上，概化性指涉的是：當一個象徵體施用於人與人之間的互動情境時，其所具之共識性社會象徵意涵之所以能夠產生作用，乃因它可以從互動之兩造諸多的特殊社會屬性（諸如姓名、性別、年齡、教育程度、家世背景等等）中被抽離出來，而不必爲這些社會屬性所制約。譬如，在購買物品的交易互動當中，金錢做爲媒體，其意義在於其等價值。對互動兩造而言，不論就賣方或買方而言，重視的是一手交錢一手交貨時，金錢是不是足夠支付物品所被訂的價格。至少，互動雙方是男或女、老或少、穿什麼……等等，原則上並不是很重要。但是，相對地來看，例如愛情做爲社會資源、也是媒體，其所具的象徵意涵就不同了。當它施及於人際之間時，若欲產生意義，就不能排除互動兩造的一些特殊社會屬性，如性別、年齡、血緣關係、家世、教育程度、性向……等等而不加以考慮了。至於那些特殊社會屬性扮演重要的決定角色，則端看社會的特殊規範與價值系統爲何了。因此，金錢所具經濟性的概化價值，基本上乃在於其所顯現之主觀價值的客體化程度；亦即，其所具之非人格化的（impersonal）性質。

做爲非人格化的概化媒體，金錢有其必須且可以負責的要求（以下簡稱「負責性」）。以現代社會的結構特徵而言，金錢之價值所以能夠被確立，乃建立在對於制度化之金融體系的權威產生信任。對金融體系之權威所以有信任，則又必須先對社會中的、政治、生產、市場體系……等等建構性組合存有某種「理所當然」、且不需要無時無刻去意識或體察的信賴。在社會呈現可預期之穩定的狀態時，這樣的信賴尤其可以被保證。簡言之，不管其信用度如何，金錢之價值所以被確信並保證，基本上乃來自社會所創造出來之制度化的權宜性信用上面❸。對個體而言，金錢之所以具負責性的特質，正源於此一由社會所創造、保證、並預設成的共識性。

---

❸ 所以稱之爲「權宜」的，乃意即金錢之這種社會性信用是一種人爲的歷史產物。它的價值經常靠其表現在物質或服務上的價格來反映，其信用也靠複雜的社會體系的交錯支撐來保證，凡此種種都仰賴諸多特殊歷史條件與人類認知經驗的「權宜」組合來形塑，它本身並無一先驗自存的必然結構法則。

準此立論，金錢之信用所以產生，並非來自互動之兩造自身，透過互動過程逐漸形塑的互信結果。因此，誠如上述的，金錢所具之非人格化共識價值，自然也就不必仰賴互動兩造之諸特殊社會屬性來證成。相反地，它甚至可以駕凌其他社會屬性來決定、扞格人的種種互動。這種自主性在互動產生之前，卽已預先被設定而且確立下來。正因爲如此，固然人之社會互動可以不必然需要以金錢爲媒體，也可以不以累積金錢爲極終目標，但是，一旦互動的目的是爲了金錢，或必得以金錢爲隨制媒體時，互動就必定爲金錢所內涵的諸特質所制約了。這個特點說明了金錢的負責性是外在，也自主於互動兩造自身的諸特殊屬性。於是，擁有金錢可以給予人一種外在性之自由的保證。擁有較多金錢者，就等於擁有更多、更寬廣之交換與支付資本，也就有更多的有利條件，支撐其他象徵性之物質性資源運用和交換的機會。

金錢可以給予人外在性之自由，無疑的乃是其所具概化性之媒體形式的特質使然，同時也是由社會信用制度爲金錢所形塑出之負責性提供保證。金錢所具如此的特質促使人們常以累積金錢做爲人生追求的目標。但是，縱然如此，金錢卻不是人唯一追求的東西。掌握種種自然或人工物質產品，對人而言，是社會生活中不可或缺的內容，也因此是追求的對象。

以做爲一種種屬存有體（species beings）來看待，有一個共同點，那就是，他必須從外在世界中獲取物質（如水、空氣、食物、掩遮物……等）才可能生存下去。卽使是自我的表現與證成，無論是情感或思想性質的，往往也需要借助物質來彰顯其意涵之象徵，或以之爲隨制性的要件。因此，物質的獲取，對人而言，其意義已遠超過滿足人的基本生存需要，它具有具體豐沛化象徵表現的作用。Baudrillard（1988:22）的一句名言：「爲了變成可消費的物，物必須先變成符碼」，雖然指涉的是後現代消費社會的特點，但是，其實即點出了物質所具此一社會象徵性的特徵。

既然物質的社會意義已超乎其滿足人基本需求的原始功能，而是做爲象徵表現的媒體，它在人之世界裏所可能滲透底層無形中加大，面相也擴展，重要性自不用多說。在俗世裏，人要表示情感、展現地位與身份、甚至進而證成自我，都在在與物質之擁有與使用脫離不了關係。小至用一束花、一盒糕餅、或甚至一張賀卡來表示情感是物質外；大至以汽車、珠寶、房地產等等諸如此類的東西來展示身份與地位，也都是物質。因此，物質做爲表現或消費象徵之世俗性最終媒體形式，其最重要的社會意義不在於其所具特殊個別性的使用功能（譬如用來穿、吃、行……）或使用品質差異（如朋馳牌汽車性能優於裕隆速利牌汽車），而是其用來反映某種社會資源（如情感、印象、地位、身份）之「等價」價值上面。

準此特點，物質做爲象徵之最終等價媒體如何成爲可能，順理成章地成爲是關鍵的問題。這對於形塑身份與地位等代表個人成就的社會指標尤其是重要。在人的社會裏，一般人並不是獨自生產其所需之所有物質，而是採分工生產並透過交換的方式來獲取其所需的物質。事實上，唯有在分工生產與交換的形式下，物質的「等價」屬性才可能被「客觀」化地表現出來，也才可能在交換之兩造外的人羣之中建立起共識的客觀價值判斷。否則的話，物質的等價價值將只是停留在交換兩造彼此間互爲主觀的共識上而已。毫無疑問的，金錢的出現成爲物質之等價價值客觀化的象徵要件，它使物質以「價格」的市場機制屬性來表現。在俗世裏，金錢此一特性正是使其價值經常被芸芸衆生膨脹地看待而產生越位的關鍵。在討論此一問題之前，先讓我們來看看金錢所具有的另一面特性。

金錢所具的概化象徵性同時內涵著不能且不必負責的特性（以下簡稱「不負責性」)。在俗人的世界裏，任何的存有都有極限，極限意即有效可行的範疇必有個限度。有了範疇，就有了表裏、內外、與對張之分。準此，負責性其實卽意味有不負責性，兩者互爲一體之表裏兩面，相互扣攝，任何一方都不能單獨自主來論的。當我們說金錢具負責性，事實上，卽已隱約界範了其可能且必要負責的範疇。超出了此一範疇，金錢的社會意義內涵就失效，也就不能且不必負責了。

以最簡略的方式來看，金錢做爲社會資源與交換媒體之不負責性的意涵，大致上可從三方面來說明。第一、誠如前言，金錢做爲互動之兩造交換社會資源（包含物質與非物質性的）時的等價媒體，它只是以「價格」的市場功能姿態呈現。基本上，它不必爲互動兩造所交換之社會資源自身與其動機爲何負責。也就是說，互動兩造如何界定交換之社會資源的社會意義與價値，乃雙方各自的事，都不是金錢所需要或所能界範的了。因此，第二、對使用者如何使用、何時使用金錢，金錢是不負責而且也不能負責的。人們可以用錢來購買食物、書籍、衣飾、甚至可以用來賄賂或僱用殺手殺人。這些都已超出金錢本身做爲等價媒體來支付或交換所能制約的範圍。第三、金錢對使用者如何獲取的方式也無從負責起，因而，也不必負起「倫理」的責任。如何「正當地」獲取金錢，是屬於另外一個範疇，無法從金錢自身內涵的社會屬性抽衍的。

很明顯的，上述金錢所具不能也不必負責的三種特性，其實乃是其象徵概化性所內涵的社會特質，也是其所具負責特性的另一面體現，兩者事實上是互相蘊涵，也互相扣攝的。金錢做爲一種具象徵概化性的交換媒體或社會資源，其之所以在人的社會，尤其現代資本主義社會更具有莫大吸引力，並不只是因爲它具有負責性之概化信用，更因爲它所具之不能且不必負責的另一面使然。此二面相之間並非相互排斥或抵銷。相反地，金錢之不能且不必負責的面相，強化了其能且需負責之一面的社會意義；反過來，負責的一面也更加證成了不能且不必負責之一面的特點。兩者互相扣攝地推動，結果使得金錢做爲等價交換媒體之概化性發揮出最大的效能。在人類運用、交換種種社會資源的互動過程中，金錢於是乎成爲不可或缺的隨制要件。它可以「超越」互動兩造之種種特殊社會屬性與客觀條件的制約，發揮結構性的影響。

四. 重利貪財之價值取向的定位與越位

在俗人的世界裏，除了金錢以外，諸如權力、知識、地位、聲望、情感……等，都是形塑一個人存在意義的重要象徵資源。對芸芸衆生，這些都是界定一個人之成就的主要內容。

不同的社會資源有其自己的特質，施用於人的社會，各有不可化約，也無以取代的意義。譬如，知識做爲社會資源，它在世俗世界中對一般人的社會意義可能是諸如：(1) 它提供一套論說體系，讓人們可以從中滿足認識世界的好奇心；(2) 它協助人們建構、詮釋生命的價值，給予人適當的生活態度和方向；(3) 它提供人有效控制、支配外在世界的能力，藉此確保人的安全或證成人的成就。易言之，對人而言，知識的社會特質可能在於，提供理解外在世界種種現象之象徵意義或形塑人爲控制之能力。這是其他社會資源，如權力、財富、地位、或情愛等所不能取代或完全化約的。

很明顯的，社會資源所具不可化約與取代的性質乃意涵著，各種社會資源的施用與運作有其自主的邏輯，其表現在互動過程中的理想行爲模式也不盡相同，甚至，其間有了不同是必然且必要的。職是之故，儘管社會對各種資源的經營可能要求有共同的終極價値做歸依，也要求具備一些基本規範，如強調公平正義、愛心、誠信、榮譽……等，但是，不同資源之運作與施用規範卻難以互相完全化約，基於這個理由，不同資源正當化其行爲的程序，於是乎也往往是不相同的。就拿知識此一資源爲例，一個人是否具備有知識，可能是以他是否展現有足夠周延解釋和形塑控制外在環境（包含各種人爲創造物）的能力爲判定之要件，甚至是惟一要件，至少功能上或規範形式上要求是如此。這樣的要件是不可能由其他形式之社會資源所取代，例如有錢不必然即有知識，反之亦然。因此，這樣的不可取代與化約的性質是各種社會資源得以保持功能自主性，發揮其社會定義之意義的必要條件，也是各具一定規範秩序軌跡而能發揮約制作用的基本要件。任何企圖以其他資源來扞格、甚或淩駕，都將侵犯了該資源之正當性的神聖意涵，也破壞了既定的規範秩序規則。所謂「官大學問大」、「以文憑取代眞才實學」、或「以金錢購買文憑」等等情形，卽是破壞獲取與運作知識資源的正當規範邏輯，也根本違背知識體系的理想法則。

當我們說：「任何社會資源都保有自衍的社會意義，也各具特定的規範軌跡」，指的是針對「社會的」功能而言的一種結構性要求。這是保證任何社會資源之制度化機制順利運作，維護其理想於不墜所不可或缺的。然而，對個體而言，社會資源對他的主觀意義，雖然爲資源所具之「社會的」功能所制約，但卻可以不以證成「社會的」功能所衍生的目的爲目的，而只把它當成手段。易言之，某種社會資源（如上述之知識），對社會而言，具有一定的結構性的目的意涵（如成就人類共同的福祉，提供更有效的醫療效果）。但是，對個體而言，此一資源所具之「社會的」結構性意涵極可能只是被利用來經營另一種資源（如財富或政治權力）的手段而已。

總而言之，就社會理想的原先設計而言，透過職業或其他角色的適當安排，可以使一個人擁有之某種社會資源的品質（如官位或知識的豐富度）充分發揮，以確保規範秩序並豐富社會期望，增進整個結構的順利運轉。於是，社會往往建構一套具「合理性」的獎懲系統，回應個體透過角色扮演發揮資源運用的種種行爲。在此條件下，社會與個人對某一社會資源所具的認知與動機旨趣，縱然有所不同、甚至逕相迴異，但是，只要依循社會所訂的規範邏輯來進行，彼此但求各取所需，也可以相安無事的。例如，一個人可能擁有某種相當前衞的科技知識（如超導體的製造）。對社會而言，這種知識可以用來大幅度改善電訊媒體的效能，節省能源。於是，政府給予他最高的榮譽，媒體也大加褒揚。但是，對當事人而言，他所以竭盡心力從事此類知識的營造，爲的可能並不是「造福」社會，而只是純然出於對知識的好奇，或藉此爲手段來謀取財富、甚至政治權力。在此情形之下，對同一個資源（知識）而言，個人意義與社會意義並不一樣，可是，兩者之間並不必然矛盾、扞格，反而可能互相輝映、互相滋補。

事實上，個體世界與社會建構對任何社會資源的經營或體現，都可能產生意義分離的情形，這原是不足爲奇的「正常」現象。如此之「社會建構／個體世界」的意義分離性，嚴格來說，只要施之適當的話，原可各取所需，發揮滑潤社會與個體之複雜關係的作用。職是之故，社會資源的意義分離性，對個體與社會，到底利弊何在，其主要的關鍵卽在於社會資源的機制性質上。大體而言，倘若社會資源做爲交換媒體的規範原則能夠適當地被定位，而人們也誠心遵循，在「正常」狀況下，則此一「社會建構／個體世界」之意義分離性，不但可以使各種資源之社會性意義安其位地充分發揮，也可以適度地證成個體的心理認知與動機需要。如此，此一分離性具有維持與發揮既定社會秩序之「正面」功能❹。否則的話，它所隱藏的負面作用就會發揮出來，帶來「不良」的社會後果。

Bourdieu (1984:471) 曾指出，在人的世界裏，「極限的感受意涵著忘卻了極限」(The sense of limits implies forgetting the limits)。任何被人所形塑出來的「社會實在」，一旦被視爲是理所當然的「自然」現象，且在互爲主體世界中具有優位性時❺，都有被拓植成爲具「絕對性」之現實準則的傾向。這是社會規範產生作用的常見現象。絕對代表的社會意義是一種無限式之價值肯定與衍展，施及於人際互動，則被建構成爲一股實際的社會驅力。因此，一旦缺乏適當的反省與約制機制加以制約，任何被建構出來之「實在」原本必然內涵的極限，常會被忽略或遺忘。其結果是，原本內涵之倫理約制性

---

❹ 這樣的說法其實隱藏著一種深具危險性的論述弔詭。它似乎意味社會做爲個體的集合體，有著其自身獨立自主、甚至反過來駕凌個體的結構目的，而此一集體性目的有其自主的認知與動機機制，乃有別於個體之認知與動機旨趣。某個程度上而言，這或許是一個常見的所謂「結構與功能自主化」的現象。但是，就人類文明的發展歷史來看，自從強調個人自由與平等之人本精神的自由主義被奉爲建構社會（尤指制度化之社會）之規範結構的法則以後，如何形塑社會資源之分配的合理性以來證成個體之需要滿足，往往成爲社會資源之「社會」結構性意義的首要考慮。其所建構的規範秩序，自然也就以維持個體有公平且合理擁有與運用社會資源之機會和滿足個體之需求爲設計的首要條件。從這個角度來看理想規範，社會資源之「社會」的結構性意義，卻又必要以如何可能充分滿足個體心理需求來形塑的。這是一個牽涉廣泛的複雜問題，在此存而不論。

❺ 更明確地說，在人與人間已形塑適當互爲主體共識的互動世界裏，種種的歷史與文化條件會塑造一種結構的要件性，而此要件性透過某種理性的邏輯思考，對人產生約制，形成一種結構強制的力量，迫使某種行爲法則具有優位性。譬如，從資本主義社會的結構邏輯來衍推，金錢做爲交換媒體具有優位性。

會被扭曲、甚至揚棄。金錢做爲一種社會資源，其所內涵之價值極限常被遺忘， 就正是因爲它被膨脹且越位成爲一種絕對。 其所以會如此，乃與前述之金錢的社會特質和種種外在社會條件的隨制性作用有關。這將是用來解析當前臺灣社會展現重利貪財之心態的論述重點。

五. 形塑當前臺灣社會重利愛財之價值取向的結構解析

在前文中，我們點出了物質在人社會中所具的象徵等價價值，同時， 也指出了， 在市場機制的運作下， 物質的象徵等價價值被「價格」客觀化，而金錢正是用來反映「價格」最具體的歷史表現形式。對一般人來說，擁有金錢即等於掌握了物質，此亦即保證了物質的使用價值得以貫徹，並平準化各種物質之間的等價準標。倘若擁有物質之多寡、種類、或品質等，乃反映一個人之地位、身份、或形塑情感與印象的重要指標，則其判斷標準常以轉化成金錢爲單位之「價格」來表示。於是，芸芸衆生問的是諸如：值多少錢的房子、裝璜、汽車或服飾，甚至，一幅畫的藝術價值也以金錢價格來等同。尤有進之的，當人們論及婚嫁時，關心的往往也是多少錢的聘金或嫁粧，人的品格變成次要，甚至是無關宏旨。於是人與人之間的諸種關係，連以感情爲本的，也不免以金錢（如贈禮之價格）來核計。無疑的，其所以如此，乃與上述金錢做爲概化象徵媒體所具之種種屬性，如負責性與不負責性，有密切的關聯。

正是因爲各種資源有各自不可化約與取代的社會意義，而都爲人所需要、也爲社會所確認，所以，不同資源之間必要透過特定的程序來交換，而且往往互相以爲運作的隨制條件。然而，問題就在於，隨著種種社會條件的不同，也隨著各個資源做爲經營其他資源之隨制要件的性質不一樣，不同社會資源，在交換過程中，對人而言，所具之「價值」比重估量也就不一樣。估量的結果，在不同社會資源之間，常常會產生了不等的優位性。如此優位性的排比，一旦超出某個程度，就可能使某種資源有了過度膨脹的越位情形。

從前文中反覆的論述，我們可以看出，金錢乃人社會中做爲等價概化的媒體原型。它是人們獲取與累積諸種世俗化社會資源不可或缺的隨制要件。社會愈是分化，物質創造愈是豐沛，其等價象徵性也愈是精緻化，金錢此一隨制要件的重要性自然就更形重要。尤其，當各種資源之分化的理想規範法則愈無法有效地被遵守時，金錢的重要性就無形之中會膨脹，超出其意義與規範「極限」，有凌駕一切而越位的情形。一旦社會發展至此，問題已經不是金錢越位此一事實自身，而是上述之資源的分化理想規範法則何以未能有效地被貫徹的問題了。這正是當前臺灣社會產生重利貪財之拜金主義的重要關鍵。

事實上，從上文對金錢之基本社會特質的描繪，我們卽可推論出，重利愛財的心理乃爲外在客觀社會結構特質所內涵的，這在都市化之工商資本主義社會中尤其是明顯。「人爲財死，鳥爲食亡」似乎是個普遍的定律。倘若說臺灣人貪婪愛財，頂多只是嚴重性的相對程度而已。採取俗世現實的觀點來看，其實，愛財並不必然是罪惡，也未必是負面性的情操表現。正如 Weber (1958) 所意指的，適度的重視財富的累積，乃有助資本主義的發展。對人而言，現實上，錢財是重要的，問題的關鍵在於它是否取之有道。否則的話，一旦人們只是唯利是圖，取之不擇手段，重利愛財才可能構成爲嚴重的問題。

在「前言」中，我們簡略地討論過臺灣人具有重利愛財的歷史性格，也說明過其形成的可能社會背景。其實，嚴格來說，容或臺灣人可能是特別重利，重利卻似乎是漢民族普遍具有的特徵。就區位條件來看，雖然中國幅員遼濶，但是，高山峻嶺與乾旱貧瘠之地所占比例偏高，可供農耕之地與人口數量不成比例，加以地處寒、溫兩帶爲主，氣溫不利多作之生產。在此生態環境下，假若技術的改進未能跟上人口的成長，人們自然會有生存的壓力。在平時，一般人民只要縮衣節食，或許尚能求得溫飽。然而，一旦遇到乾旱、水災、或土地兼併劇烈導致貧富懸殊而弱肉強食時，則不免就產生民不聊生的情形。此時，原始的生存競爭型式——戰爭、饑餓死亡、或掠奪搶刧等等，就成爲削減人口，讓人口與自然之間可以謀取生態平衡的方式了。如此的治亂循環一直是中國歷史的特點。

在如此具高度且恆存之生存壓力下，除了戰爭或自然死亡以外，往外移民或拓展海外貿易是突破生存壓力的另一種方式。但是，中國北接寒冷且人口稀少之西伯利亞，西爲幅員廣大之沙漠阻隔，南有綿延之高山峻嶺橫陳，東隣汪洋一片的太平洋，只餘東南閩粤一隅接臨南洋，有利往外移民與拓展貿易。凡此區位特徵原本具有使中國人形塑內縮性之自足保守性格的作用。尤其，歷經明淸兩代的鎖國政策，自足守成的格局更是於焉形成。在缺乏高效能之農耕創新技術與策略的格局下，傳統生計經濟生產模式自難應付衆多人口生存之所需，貧窮始終是伴隨著歷史而存在。

無疑的，這樣的區位條件，從某個角度來看，助長了安貧樂道、安份守已之生命哲學的發展，強調的是如「盡人事，聽天命」的人生觀，要求人們以忠厚、老實、勤勉……等德行來應付生活困境。這當然彰顯儒家所肯定之「君子」的理想人格。可是，若從另一個角度來看，對芸芸衆生而言，不時潛在之基本生存的威脅，卻往往不是儒家君子哲學或佛老寡欲生命觀所能化解。恆存的基本生存壓力迫使一般俗人不得不講求現實，強調利與權。於是，君子之禮充其量只可能對不事生產卻又能生存下去之士紳或統治階層有效。對一般市井斗民，貪婪、占小便宜、乃至詐取，卻是謀取生存不能不用的策略，也是常見的心理特徵。這可能是十分醜陋，但卻是相當實在。畢竟，對芸芸衆生而言，在有限的資源條件下，謀取生存的現實機會是最爲迫切的。

對於儒家君子之理想生命價值觀的現實侷限性，韋政通（1968: 3）有一段話十分傳神，值得引用。他說:「儒家在道德思想中所表現的，對現實人生的種種罪惡，始終未能一刀切入，有較深刻的剖析，根本原因就是因儒家觀察人生，自始所發現者在性善，而後就順著性善說一條鞭地講下來。因此儒家的道德思想，對生活安適、痛苦較少的人，比較適合而有效；對生活變動幅度大，且有深刻痛苦經驗的人，就顯得無力。」

姑且不論儒家的價值與道德觀是否比較適合生活安適的人，而不適合生活艱困、基本生存備受威脅的人，其主以內斂修養的道德實踐工夫來證成社會秩序的維繫，確有「高處不勝寒」之不可攀附的特色。對一般人而言，「君子」之德行是很崇高、偉大，但是，現實生存的客觀條件卻往往逼使人們不得不當「小人」，甚至連「小人德草」的起碼要求都無法做到。人們所能做的只是發揮人求生的本能，讓人性中醜陋的一面展露出來。

其實，任何社會都有規範，規範也多少都必然要求成員以修心養性的內斂成就來證成。但是，當社會提供不了一些外在制度化的結構條件來搭配，那麼，側重內修之道德、價值、與理想系統就會顯得疲軟無力，也離殘酷的現實世界太遠了，問題的產生自是不能倖免。尤其，經過幾世紀的演變與發展，儒家之內修思想衍生「以理殺人」的僵化教條。在充滿權力慾望、基本生存備受威脅的社會裏，這種思想知常而不知變、應常而不應變，同時也把修養工夫看得太容易，道德規範往往僅只模糊指點修養工夫的意涵，未能明確點明實踐的具體途徑，更忽略了社會制度運轉中「人性的極限」。它所能做的只靠有權有勢者道德良心自覺，倘若良知產生不了作用，無權無勢者也就束手無策，任由割宰了。

再者，儒家爲主的倫理講求的是親疏遠近與上下尊卑，其特點是著重「差等」而非「平等」、「自得」而非「自由」，費孝通（1948）稱之「差序格局」。對中國人來說，差序格局一向乃以「己」爲中心，而以血緣與地緣爲主要經緯來編織人際關係網絡。人與人之間的互動講究的是特殊的關係脈絡。於是，人與人來往一定要問清楚對象是誰，與自己的關係是什麼，才能拿定標準來應對。這樣的互動關係無形之中是重視「人情」的。但是，人情有厚薄，厚的人情，要回報，薄的人情要用上，就得拿些東西（即社會資源）來補強。不管是回報或補強，物質與其概化媒體——金錢乃是最具實效的媒體。於是乎，在中國人的社會裏，人情、權勢、與錢財是三個最主要的社會資源。三者相互增強，則無往不利。尤有進之的是，除了血緣上十分親近的（如父子）外，錢財和權勢常是決定彼此之間情誼厚薄的最主要條件。對缺乏人情關係的社會互動，錢財與權勢更加是補強的必要資源，而其中又以錢財爲最主要的媒體，因爲「拉關係」、「走後門」在在需要它。

總而言之，由於種種的因素，在「差序」之倫常結構格局的支撐下，著重內歛修身的儒家倫理系統，實際被施用在人們之日常生活上的往往發揮不了正面的作用，其演變成的是人情、權勢、與錢財三角關係泛濫發展的局面。三者自身所具之理想規範法則不時被扭曲、浸蝕，而有了越位與脫節的情形。於是，具概化意義的錢財促使人性中醜惡的面相蠢動、膨脹。人們甚至罔顧理想規範法則的約束，企圖以各種可資運用的手段來謀求累積財富。爲的，就是個人的生存機會有了較安全的保障、欲望也有了較佳的滿足條件。對世俗人而言，這是最實在、也是最貼切的生命哲學。

上述有關儒家倫理系統的評述，事實上，只有一個重要意義；那就是：以儒家倫理系統做爲建構社會之基本理想規範法則，有源於其預設內涵的極限性。倘若社會內部無能力孕生有利的機制條件來配合，此一極限性卽會明顯地被披露出來，無法產生實際的規範作用。從另一角度來看，主內斂修養的規範法則，面對著現實上是激烈的社會資源爭奪之狀況，往往就顯得軟弱無力，起不了作用。這卽已暗示，使其有效運作之有利機制條件根本就無從孕生。它的命運原就帶悲劇色彩，是悲壯，也是憂闇的。儒家思想空有強烈的憂闇意識，雖可成就一個個的君子，但畢竟只是少數人的成就，它根本難以形塑有效的制度化約制作用。其結果是導使「小人」充斥囂張。他們騎在人們頭上撒野，而君子卻無可奈何，只有徒呼負負。其情形眞如只要有一小顆屎，就可以汚染一鍋白米粥一樣。

嚴格地來看，事實上，當前臺灣社會所以產生重利貪財明顯越位的情形，固然與傳統儒家理想規範系統的內在邏輯性有關，但是，並不盡然因此完全基於此。情形之所以嚴重，基本上乃因社會已形塑出種種有利於人性「醜陋」面相得以發揮的「客觀」結構性條件，其所扞格的，已非祇是傳統儒家理想規範系統的效用，而是任何可能施用之理想規範系統的功效，這包含外來移植的西方法制式之民主平權規範系統。在此情形之下，任何形式的理想規範系統均難以發揮預期中之指導、制約現實行爲模式的「實質」作用。相反地，現實法則反過來淩駕理想法則，成爲日常生活中理所當然的「常態」現象。錯到底的「越位」，一旦使之衆多，自然也就成為「對」的了。名實是分離，但是卻未必在人們的認知當中產生失調的心理壓力，道德規範也因此發揮不了應有的約束作用。Merton (1968: 372) 所謂之「制度化的規避」(institutionalized evasion) 於焉成為普遍的現象。

臺灣的歷史一直充滿著悲劇性的曖昧、矛盾、和緊張。一個本質上是移民的社會，原本就缺乏穩定安全感，也缺乏明確而肯定之社會與文化認同。這種情形復因統治者更換頻繁而更形嚴重。尤其，1949年中共占據中國大陸，國民政府退守臺灣，統治政權本身的危機狀態，無形之中加深了整個社會的各種問題意識，其影響所及可以說是多面、也是相當複雜、深遠的。籠統地來說，在長期承受中共政權的威脅之下，國民黨政權不但面臨生存危機，也產生嚴重的正當性危機。四十多年來，為了維護其意識形態，更為了鞏固其既得利益，統治階層竭精盡智地使盡伎倆修補其政治圖騰。無疑的，這樣的修補工夫勢必扞格到其所賴以存在的正當性理論。臨時條款的訂立以及種種法令的修正，在在與憲法基本精神有所牴觸，就是一個明例。

統治階層為了維持政權正當性，不免施以種種外造性的理論與論說修補工夫。儘管其所依賴的理論與實際運作之間，在邏輯上，常有不一致或矛盾裂縫，但是一般百姓卻未必充分認識清楚，推其原因有四：(1)人民缺乏足夠解讀的識辨能力、(2)修補掩飾手腕的高明、(3)因循苟且的偷安心理、或(4)高壓監視與教化控制機制的有效且靈活運用等等因素，均足以使其邏輯上的矛盾性未必充分披露，或披露出來，但卻未能形成足夠的顛覆與矯正動能。但是，毋庸置疑的，如此之正當性論說的修補工夫，除了增強了正當性危機的潛在程度外，也因此加深了社會的系統危機與原本已有的生存危機意識，更轉而帶出了認同危機。凡此種種的併生危機，無疑的，帶來的是更多、更深、也更複雜的問題。這些問題可以說是千頭萬緒，剪不斷，理還亂。然而，其中有一個現象卻是明顯，一般人都可以感受，也可以體察出來的；那就是：對社會、也對政權缺乏安全感、更缺乏信心和信賴。

現實的環境所加在統治集團身上的是一種兩難的弔詭情境。理論上而言，維護任何制度之正當性的神聖地位，乃是權力得以穩固施展的必要條件。這原本是政權取得合法性的規範基礎。但是，弔詭的是，1949年以後，統治集團之權力所賴以形塑的合法基礎，卻始終與現實的客觀格局有一大段距離。若欲維護權力之合法基礎的合理性，勢必修改、甚至完全揚棄舊有而另創新的法源。這樣的舉動，無疑的，必然扞格、也動搖其原有之政治圖騰，現實的來看，更是危及其既得利益。在這樣的現實壓力下，統治集團唯一可做的，就只有剩下修補既有的正當性論說一途了。可是，這麼做卻勢必任由其理論與現實脫節，其權力之正當基礎必然產生內在邏輯的不一致。一旦此一不一致性爲社會大衆所體察，且其所衍生之不合理性與違背「社會正義」原則，也普遍地被意識到時，統治集團權力之正當性就會承受到來自民間的挑戰。此一挑戰力量，無形之中，對統治集團是一股龐大的壓力。當它大到一定程度之後，統治集團就不能不加以正視了。

無疑的，面對如此客觀現實條件壓力下的兩難情境，爲了鞏固其政治圖騰與既得利益，扭曲權力正當性所賴以維繫的法源基礎，雖然可能是短見、也是冒瀆權力之神聖基礎，但是，對統治集團而言，卻是最具立即實際效益的作法。具有智慧的浮士德尚且抵擋不住魔鬼的百般誘惑，更何況是細胞裏充滿權力慾望的俗人呢？放棄私利以維持神聖的正當性來成就更長遠的公利與己利，畢竟是相當遙遠，也是未必有十足把握的。況且，結構上而言，任何以維護正當性之神聖爲前題之理想規範的修飾或復原工夫，都會損及既得利益。人生苦短，手中已握的熟鴨，怎可能放手讓它飛走。對芸芸衆生而言，放棄既有之私利來成就崇高的理想原則，原就是只可說，卻難以做得到的。

再者，對中國人，政治權力乃代表整個社會差序格局中的權威主體，基本上是立基血緣之宗法制的產物。它既不具武斷的横暴性質，也不具同意性質，「既不是發生於社會衝突，又不是發生於社會合作；它是發生於社會繼替的過程，是教化性的權力、或是爸爸式的。」（費孝通，1948：70）這樣的長老統治式之政治權力型態，本質上是全包的。它無所不在，無所不能，也是絕對的。權力的給予基本上是施捨性的。給了，代表恩賜、也是德政；不給，則是理所當然。準此傳統，表面上，國民黨說是民主政黨，權力來自民意，但是，骨子裏卻是秉承傳統長老統治權力觀的威權支配團體。其採自列寧的革命政黨風格，恰能與中國傳統專制的政治文化搭上線。「民主」再加上「革命」而成的革命民主政黨，現實上，只是爲傳統專制主義披上一層現代民主之名的外衣而已，其表現在形塑權力的過程中，並沒有太多的不同。

「奉天承運」式的權力乃意涵著，權力的授與基本上乃來自最高權力者的意志。權力的授與是恩典的施放，端看受施者輸誠效忠的程度，而不是基於基本權利與責任的抽象法源假定上面。在這樣之政治文化與既有專制權力結構的雙重支撐下，任何基於主權在民之民主權力理論所開展出來的權力分配法則，都會被扭曲、浸蝕、終產生名實分離的情形。或許，在太平盛世時，如此向權力者輸誠效忠的要求，尙可在讓諸資源供需保特穩定的情形下，以一種準制度化的共識規則順利地來運作。但是，在充滿著危機且不確定時代裏，人們對社會資源（尤其具概化象徵交換性者，如金錢與權力）往往會產生幾近無限的需求，因爲唯有讓自已擁有更多的金錢與權力資源，才有更多更可靠的安全保障。這樣主觀上對資源的無限需求，自然無法與社會資源供給有限的現實條件維特一定的穩定均衡關係。需求無法由供給來調節，制度化的規則也就往往難以產生作用。均衡生態的破壞意味著掠奪式之宰制的情形必然會發生，而向當權者輸誠效忠，則成爲是否擁有掠奪宰制之機會的重要、甚至唯一要件。此時，政治權力的分配所表現的是不折不扣的「坐地分贜」形式，而經濟利益的分配機會也必然以仰賴政治權力的恩典施捨爲要件。這是使權力此一社會資源越位膨脹的基本因素。權力的取得既是目的自身，也是確保經濟利益與生存機會的必要手段。

當政治權力之有無成爲決定人掌握其他主要資源（當然，特指金錢或經濟利益）的重要條件時，權力分配之文化特質，無形之中就成爲關鍵問題。大體而言，權力是一種共生的互動關係，有權者必要有無權者的存在，才能使權力產生意義。這也就是說，權力不能以絕對全然式的壟斷與掠奪形式呈現。它必須以具等級性之大小或多寡方式來分配，才能充分展現並保證其價值。因此，在上者只能求得最大、但卻有極限的權力控制，不可能是絕對的剝奪與宰制。於是，權力之最大值的保證條件，雖然隨著時空因素的差異而浮動，然而，無論如何，它有一個基本原則，那就是：欲求保證權力之最大、但有限值，在權者必須釋放出一些權力資源，讓吸吮這些殘餘權力者成爲保護其權力效能之合法性的外圍份子。如此之中心——邊陲之權力共生結構的形成，倘若佐以強而有力之監視與教化控制機制，並且讓取得邊陲權力者有限地進入中心權力結構之機會相對地開放，則整個既有的中心權力結構可以鞏固。四十多年來，國民黨政府透過黨機器、地方選舉、與對地方農、漁、或水利會等等組織的操縱，從事邊陲權力機會的分配工作，讓地方勢力吸吮釋放出來之地方性殘餘經濟利益（例如學校的建築工程、地區性之客運路權……），即是此一原則發揮維護既得利益團體之作用的例證。

在緊密結合之「中心 — 邊陲」威權權力共生格局的要求下，上述危機狀況所衍生對資源無限需求的心理，佐以強調輸誠效忠之政治文化傳統，兩者相互扣攝搓揉，形塑了「施捨」與「分贓」並用的資源分配法則實際上支配了機會結構的運轉。一個人獲取資源之機會的有無，基本上，往往並不取決於個人的能力、功績、或其他共認爲合理的公平法則，而是在權者認定對其效忠的程度。效忠輸誠不能只是抽象的口號，而必須有具體行爲做爲表徵。人情脈絡的經營是確立效忠的經，而狼狽爲奸瓜分利益則是鞏固效忠之主從關係的緯。在這樣的機會結構運作下，資源的分配背離了講求能力、功績、或資歷之分配正義的合理與公平性，它成爲有權者釋放其殘餘權力機會酬庸效忠者的籌碼，也成爲遂行其私利以懲罰不忠者的殺手鐧。其結果推至極致，不但徹底摧毀了社會的規範理想，而且更作賤了人格的尊嚴。於是，君子遠離，小人充斥而當道。政治權力成爲結黨營私，瓜分經濟利益與錢財的不二手段。反過來，錢財也成爲經營政治權力的不二法門。

撇開政治權力背離獲取與使用之理想規範法則的腐化濫用情形不談，機會結構的快速變遷亦是促成社會普遍重利的重要因素。首先，四十多年來產業結構快速變遷與經濟迅速成長本身，即已蘊涵重利價值取向的興起是不可避免的。資本主義發達的內涵邏輯是牟利與大量消費，其所衍生的文化意涵卽形塑了強調消費數量與品質的商品文化。這種消費文化，不管是合衆或分衆的，基本是以創造商品之象徵意義爲消費的哲學。其結果往往導使人們只問有無能力或如何消費刻意被創造出來的商品，而不問其獲取消費條件（尤指錢財）的手段是否正當。這樣的「只問結果之有無而不問手段是否正當」的社會風氣，無疑地增強了錢財的魅力。尤其，在政府以經濟發展爲目標推動所謂「現代化」的努力下，工商業取代農業成爲整個社會產業結構的主體。產業結構迅速的改變帶動了機會結構的改變。譬如，工商業發達帶動都市的發展，可能使原先擁有貧瘠農地的人們，因土地使用名目變更而獲致暴利，或原先擁有之股票價值驟然提升。凡此種種的變遷均表明了社會的機會結構勢必隨之改變，而且是戲劇性的改變。

如此之機會結構的變遷往往是超乎人們的認知能力與期望所能及的範圍，也非各種法令與制度所能隨及配合的。原先機會結構所具的規範法則很自然地立即變得無效。尤其，在上述恩典分贓式之掠奪政治文化傳統的支撐下，社會之機會結構的規範幾近完全瓦解崩潰。舊的規範原已只是徒具形式，新的又未能建立，縱然建立了，也發揮不了實質上的作用。其結果是，人們冒險投機，並佐以經營人脈向權力者輸誠效忠，遂成爲掌握社會之機會結構的實際遊戲策略。投機意即否定定則性的人爲規範，它是個人勢與力的赤裸裸展現。倘若其中有基本要件，那就是：錢財此一概化媒體旣是目的，更是手段。它決定了機會結構的運作邏輯，也爲機會結構所增強與肯定。如此相互增強與肯定的結果，使臺灣被稱爲冒險家與投機者的天堂，是個充滿金錢銅臭的島嶼。各種投機活動會應運而生並且猖獗囂張，自是可以預見。

六. 結　論

人類創造各種價值，也創造各種制度來證成人的存有意義。文明可以看成是這種創造過程的結晶表現。大體而言，這樣的創造過程，對人類而言，是具理想性的。理想總是靠一些共識性的價值，如公平、誠信、博愛、慈悲、仁義、平等……等等概念來支撐，繼而以形成之「理性」的社會正義理論與法則來證成。在社會正義之理論大傘庇廕下，對種種社會資源所建構出來之分化式的規範法則，正是被視爲文明的一種成就。這是對感性的理性安排與設計，一直爲人類所信仰與信賴。人類對彼此之間的互動所以深具信心，也端賴如此之分化規範法則的神聖正當性來保證。

人有善良且美麗的一面，但也有邪惡與醜惡的另一面。錢財在聖奥古斯丁 (St. Augustine) 的眼中是一種罪惡的來源❻，它會把人性中貪婪的邪惡醜惡面相發揮出來。重利貪財始終是對精緻、高尙文明的一種粗野的反動力量。它有腐化、醜化人性的潛能，基本上代表的是一種被文飾過的原始粗暴形式、對人而言，一直潛伏著產生反道德的能量。然而，對人類而言，掌握、進而統理錢財所表現的純粹品味乃道德精萃的象徵。道德指向的，本就有精萃化人性邪惡之面相，使之轉化成爲彰顯人性中善且美之素質的一種努力。這是理想企圖與現實從事巧妙組合的人爲設計。遺憾的是，人爲的努力始終無法臻至盡善盡美的成就，神祇與魔鬼永遠處於鬪爭的狀況，而且也一直在人的心靈當中，與在人與人所組成的主動關係中出現。這是人類文明總帶有悲劇色彩、但卻又充滿著希望的緣由。希望與失望（甚至絕望）、肯定與否定，也因此總是同時並存。

道德的存在乃是對任何事物都有極限，但人總是忘記極限的傾向而來的。一旦道德規範產生不了作用，正是代表人類忘記極限，而讓慾望超乎極限恣意流竄的時候。金錢做爲一種概化交換媒體與社會資

❻ 引自 Hirschman (1977)。

源，原本預期它要有分寸，也有極限。但是，金錢的概化性價值是沉默的（tacit），這是它能給予人外在性之自由空間的關鍵所在，按理，最需要人精心設計來加以規範。正因為如此，金錢對人的社會始終猶如洪水猛獸，一旦出了閘或沖破了堤防，往往變得無以收拾。在資本主義的生命哲學支撐下，享樂是一種價值。這種價值靠商品的再生性創造來表現，也靠金錢做為主要交換媒體來證成。於是，享樂不需要敏銳的心靈設計來豐富其內容，而只要求細緻的「思考」設計來做為手段。這讓金錢常常會過度膨脹而越位。

臺灣一直就是冒險家與投機者的天堂。這個社會本就具有野性的自然素質。過去的歷史是為臺灣社會帶來文明，也形塑了文化。但是，種種輻輳而來的社會條件，卻只是讓這份野性由純粹自然狀態披上厚厚的文明外衣。一旦這層層外衣被脫掉了，野性也就表露無遺。這正是當前臺灣社會的特點。重利貪財，說穿了，就是這種文明化之野性的具體表現。它氾濫，但人們愛它；人們否認它，但卻又不得不擁抱它，十分的弔詭。酷愛享樂的原始人性，證成了金錢此一文明產品，也淡化人類對倫理與美感的矜持。這不正是當前臺灣社會的寫照嗎？

（原文宣讀於中央圖書館漢學研究中心主辦「中國人的價值觀國際研討會」，1991年5月23日～26日）

參考文獻

史明

1980 《臺灣人四百年史》。臺北：蓬島文化公司。

吳文星

1988 ＜日據初期臺灣的「大家樂」——花會＞。《歷史月刊》創刊號，62-65。

韋政通

1968 《傳統與現代化》。臺北：水牛出版社。

費孝通

1948 《鄉土中國》。上海：觀察社。

蔡淵絜

1986 ＜清代臺灣的移墾社會＞。瞿海源、章英華主編，《臺灣社會與文化變遷》(上册)。臺北：中央研究院民族學研究所，45-67.

瞿海源

1991 ＜賭博與金錢遊戲＞。楊國樞、葉啓政主編《當前臺灣社會問題：1991年版》。臺北：巨流。

Baudrillard, J.

1988 *Jean Baudrillard: Selected Writings* (edited by M. Poster). Stanford, California: Standford University Press.

Bourdieu, P.

1984 *Distinction: A Social Critique of the Judgement of Taste.* Cambridge, Mass.: Harvard University Press.

Hirschman, A. O.

1977 *The Passions and the Interests: Political Arguments for Capitalism before Its Triumph.* Princeton, N. J.: Princeton University Press.

Merton, R. K.

1968 *Social Theory and Social Structure.*(enlarged edition). New York: Free Press.

Parsons. T.

1975 "Social structure and the symbolic media of interchange," in P.M. Blau (ed.), *Approaches to the Study of Social Structure.* New York: Free Press, 94-120.

Simmel, G.

1978 *The Philosopby of Money.* London: Routledge and Kegan Paul.

Weber, M.

1958 *The Protestant Ethic and the Spirit of Capitalism.* New York: Free Press.

臺灣「中產階層」的文化迷思

一. 前　　言

近些年來，「中產階層」是個時髦的「身份」象徵，人們爭相認同。根據行政院研考會所委託的調查顯示，自認是「中等階層」的受訪者百分比，由民國六十七年的 51.7%逐年增至七十二年的 56.9%（魏鏞，1985）。當然，人們自我主觀的階層歸屬並不等於「客觀」的階層認定。兩者之間會有一定的相關，但不必然是完全相對應的。就「客觀」認定的角度來考察，瞿海源（1985）曾指出，保守來估計，臺灣地區「中產階層」在人口比例上絕對遠低於三分之一，而比較可能在14%至21%之間。客觀認定「中產階層」牽涉到指標的效率問題，學界一向就有爭執，難有一致的意見。因此，「中產階層」的數值有多少，基本上仍是一個未知的謎。

其實，從文化象徵的角度來看，臺灣的「中產階層」人口確實有多少並不頂重要，重要的是「中產階層」所剔透的社會意義是什麼的問題。這個問題必須配合社會的政治與經濟客觀條件來關照，才能彰顯出來。而且，要釐清這個問題，也必須先區分上述「主觀」與「客觀」之階層判定在社會學上的意義。

向以「收入」、「教育水準」，和「職業和職位」三指標所建構的

「客觀」階層判準，原則上乃是反映社會學家們對「社會階層」的認知模式。它所以被認爲是「客觀」，充其量只是因爲人們相信，這樣來確認階層是「如實」地反映日常生活中一般人的認知和價值。易言之，「客觀」的階層定義基本是：社會學者們爲了保持科學的「客觀中立」性，完全尊重俗世中一般人對人之差等的價值歸依判準而「重建」的概念。理論上，它具有「現象」的眞實性。基本上，這樣的界定是一種統計學上有關「分配」的概念，本質上有「數量」化的意思。人們選擇了一些在俗世中被公認最具有意義，而與社會資源之掌握分配有關的屬性來區分人與人之間的不同。因此，就其初衷而言，這樣的階層意義是「如實」的現實反應，而不是明顯地具衍生性之社會學詮釋的意涵。

至於「主觀」的階層認定，其意義無法直接從「如實」的現實展現來表現，必須透過詮釋才能開展；否則，這只是一個「如是說」，無法發揮實證資料的內涵。準此立場，「主觀」的階層認定是一種有關「生活方式」的認同、期望，與態度。基本上，它的意涵不是純經濟的，而是以經濟爲客觀條件形成的一種具「地位」或「身份」之文化意涵的認定。當然，嚴格來說，經濟與文化分不開，兩者是互相扣攝，共同運作來展現整個社會的內在邏輯，也共同支撐來反映或建構社會的深層意識形態的組構。倘若兩者之間有重要的優位性區分，那也只不過是反映整個社會發展過程中，「中產階層」之性格所具階段性意義上的比重不同而已。以臺灣的情形來說，我們覺得，「中產階層」的發展似乎已到文化意涵開始突顯的階段，因此，不能只就經濟立場來考察。但是，這並不等於完全否定對「中產階層」從事其他層面之考察可能彰顯的意義。

二.「中產階層」的階級性問題

「中產階層」的出現和茁壯對古典馬克思主義的階級論是一項大的挑戰。這不只是對資本主義社會如此，對社會主義社會亦復如是。譬如，Gouldner (1979)、Martin，與 Szelényi(1987)、Holliday (1983)、Furaker (1987)、Disco (1987)、Ehrenreich (1979) 等人討論「新階級」(new class)，或「專業經理階級」(professional-managerial class) 卽是爲明例。Bell (1979:186) 卽指出，假若新階級的概念有意義，則其意義不在於社會結構之上，而是文化態度。因此，Bell 以爲新階級不是「階級」，而是「心態」(mentality)。Hirsch (1977)，Lash & Urry (1986)，與 Bourdieu 與 Passeror (1977) 等人也建議應從「文化資本」(cultural capital) 的角度來瞭解此一羣人。當然，不論就「主觀」或「客觀」定義來看，「中產階層」並不等同於「新階級」，尙可包含諸如小資本家、大自耕農……等等。但是，考察現代工業社會，無庸置疑的，以販賣知識和技術爲主的「新階級」是「中產階層」的主體。尤其，從文化的角度來看，「中產階層」的意義更是以「新階級」爲主要指涉對象。有鑒於此，爲了讓問題的討論焦點突顯，也爲了彰顯資本主義社會的文化性格，在下文中，當我們提及「中產階層」時，主要的是以「新階級」爲討論的主題。

晚近，Wright (1987) 從宰制 (domination) 與剝削 (exploitaion)的概念來考察「中產階層」的性質。他指出，在資本主義社會中，「中產階層」是處於一種具矛盾階級關係中的矛盾位置(contradictory locations within contradictory class relations)

的人。他簡稱之爲 CLCR。這種矛盾性的特質，使得「中產階層」的階級性模糊，階級意識難以凝聚，也難以充分體現，因而有曖昧的情形。就古典馬克思主義的立場來看，「階級」的界定標準主要在於經濟生產過程中生產品與生產工具之所有權的有無之上。準此，至少在概念上，我們可以很清楚地把「資本家」（或包含地主）與無產的「勞工」（或包含佃農）的階級地位確立。但是，一旦人類的生產和分配過程（尤其包含了權力的生產和分配的考慮）日益複雜，生產技術日趨精緻時，則除了技巧（skills）之外，知識逐漸成爲生產過程中重要的「資本」，也是重要的勞動「工具」。這種新的資本和勞動形式的壯大和精緻化，無疑地改變了傳統的生產結構和關係。它帶來了一羣日益茁壯，以販賣知識和象徵爲主的「勞動者」。他們從事管理、企劃、服務和行政、科技工程、教育，文學、藝術、或電影創作和研究等之工作。他們既非純粹的「資本家」，也不等同於傳統以販賣勞力和熟練技巧爲主的勞工。這些人卽是構成今天所謂「中產階層」的主體。

以知識或象徵（尤指實用的科技知識）作爲生產工具或「資本」具有特殊的社會意涵，是不同於傳統的「勞力」生產工具和「金錢」爲主的資本形式的。在僱佣的關係下，「勞心」者（姑用此詞涵蓋上述人口）未必擁有生產品的所有權。他們也如同傳統「勞力」者販賣勞力和技巧一般，把知識賣給資本家，並無法完全擁有生產結果的。但是，此一「生產工具」，相對比較之下，較具「稀少」與「不可取代」性，其市場估價高，討價籌碼也較大。尤其，有了專利和著作權法的保護，這類生產者往往對其生產品至少擁有部份所有權。這使得知識做爲「資本」的獨立性格與機會提升，這類勞動者因此兼具有做爲資本家的條件。這是使其階級性模糊曖昧的關鍵之一。

縱然這類勞動者的勞動形式（即知識）並不具上述形成獨立「資本」的條件，但是尚具有相當程度之「宰制」的機會。Wright（1987）即指出，這類人口雖然不具傳統資本家的剝削勞工的條件，但是，他們可以經由知識的管道獲得權力，使知識與權力之間產生流通。獲得權力意即掌握了向上流動，讓自己有納入統治階層的機會。無疑的，這樣的「宰制」潛在機會另一層地加深了「中產階層」階級性的曖昧。因此，表面上，他們即使具有形成「自在階級」（class-in-itself）的屬性，但卻難以充分凝聚階級意識，而成爲「自爲階級」（class-foritself）。正因爲如此，我們寧願採取保守的「現實」態度稱之爲「階層」，而不稱之爲「階級」，以求與「實在」貼切。在此，我們必須強調，這麼說並不意味他們完全沒有形成階級意識的可能，這是一個有關歷史與社會條件與後設理論的問題，牽涉問題甚多，在此只好存而不論。

三.「中產階層」的文化意涵

基本上，以現行資本社會的體質來看，「中產階層」（尤指「新階級」）的茁壯乃意即社會流動機會（尤其是代間的流動）的加大。現實來說，這緩和了階級對立的緊張局面，掩飾了階級間的「客觀矛盾」性，「中產階層」遂被形塑成爲資本社會中階級對立的緩衝體。尤其，在經濟穩定成長，政治日益民主化的社會裏，他們做爲階級鬪爭的啓蒙者或前衞隊的角色無形中被沖淡，革命的條件也因此往往被削減掉。

嚴格來說，資本社會之「中產階層」的茁壯並不必然內涵階級問題完全解裝。理論上，它可能爲階級問題帶來更多的挑戰和困擾，也增添更豐富的政治經濟學上的意涵。只是，就其歷史條件來看，它似乎尚未成熟到使其階級性充分彰顯的地步而已。更值得注意的是，事實上，資本社會的內在機制，也正因有了這種潛在階級矛盾性的存在，產生自我防衞與調整的現象。其結果會是如何，是個歷史辯證的條件問題，目前尚未十分清澈。尤其，倘若再把資本社會經濟法則的文化意涵考慮進去，則「中產階層」做爲顚覆資本體制的前鋒部隊的預期則更有待重估了。當然，本質上，這還是階段性的問題，其前途如何尚有待審視主體的辯證能力與條件才能定奪。在此前題下來考慮臺灣資本主義的發展，無疑的，「中產階層」的「階級」意識還是混淆未淸，尚缺乏有利的客觀條件來顯現。再者，生產之客觀結構和位置也尙無法激發他們產生抗爭的階級意識。況且，在種種歷史、文化，與社會條件的支撐下（我們將在下文中再進一步討論這些條件），臺灣資本主義的體質實在有利於掩飾其內涵的壟斷、剝削，與宰制的性格。這使得「中產階層」種類屬性 (species attribute) 的產生並不只是建立在生產過程的宰制性或剝削性上，而是被消費意識形態所壟斷和矇蔽。易言之，整個「中產階層」的認同意識不在「階級」的客觀性質，而是黏貼在陶醉某種特定之「生活方式」的「階層」意義上。從左派的意識形態立場來看，這無疑的是意識的異化、意志的腐化，也是動機的墮落。關於這個現象，我們可以分別從資本社會的文化性格與臺灣社會的特質來觀察。

在資本社會裏，人們從事生產，基本上不是爲了自己及其家庭成員的直接消費，而是希望透過分工與交易的手段來獲取生活必需，更重要的還是爲了牟利（或累積財寶）。就資本家而言（其實也可以包含「權力資本家」在內），牟利是其從事生產的最初，也是最終動機。在此動機驅使下，拓展市場和刺激消費自然成爲經營其經濟活動的基本邏輯。刺激消費首先必須掌握人的慾望，因此如何誘導並創造慾望也就成為資本主義發展最主要的考慮。Bell(1976:22) 即指出，資本社會的基本心理機制是「需要」(wants)，而非「需求」(needs)。需求本質上是源於生理的，儘管其滿足是受社會文化條件所制約，但是其基本驅力是有限、而且定形的。需要就不一樣了，其本質是心理，也是社會和文化的。它的源起是由社會驅力所激發出來的，它的面相與數量是無限的，引起的慾望也因此是無窮的衍生。於是乎，當一個人的「需要」量愈多，面相愈廣，品質要求愈精，也就是消費量會愈大。對資本家而言，這意味其可能之總牟利的機會將愈大。準此，資本社會一向是積極鼓勵並刺激人的需要，並且賦予慾望正面的倫理與美學上的意義。

根據這個前題，資本社會的人生哲學是一種主張占有、控制，與強調滿足的哲學。人的存在價值靠一個人的外控能力與實際擁有的種種資源（尤其是財富、權力，與種種創造物品）的成就來界定。表現在人與人之間的是把「競爭」正當化，同時也把「妒羨」(envy) 當成是一種具正當性的心理動機 (Bell, 1976)。依據資本主義經濟邏輯來推演，妒羡不必然，也不應當只是邪惡，也不應是絕對醜陋的，相反地，它可能激發人們的工作動機，因此可能是美，也可能是善意的。

在制度化的推動過程中，如此的哲學理念使「妒羨」被詮釋，也被轉化成為諸如「進取」、「積極」、「挑戰」、「成就」等具正面意涵的動機字彙，而且被形塑成一套完整的準意識形態體系，有系統地被納入社會的敎化制度中，成為具「正當性」，乃至「合法性」的文化內容。在今天的臺灣，我們可以看到，所謂「生活品質」或「文化品味」的說法和立論，事實上即為此一心理叢結披上一縷美麗耀目之「正當」意識形態外衣的最佳寫照。

在「精緻的」、「現代化的」、「工業先進社會的」、「文明的」等等的外衣披飾下,「生活品質」的文化意涵基本上是一種「外化」、「客化」,而至「物化」的象徵砌築工程。說來,這是資本主義之經濟命題所必然衍生出來的文化意涵。尤有進之的是,在市場社會裏(尤指資本主義的),基於牟利與權力運作的原則,任何文化象徵的表現因此都有可能被當成是資本,也是商品(如音樂、繪畫、電影等等),或至少是具有附加經濟價值的東西來看待。根據這個道理,資本社會生產的事實上不應是物質本身,而是附加其上的種種文化象徵符號,物質只是它的附體而已。總言之,這正符合強調「需要」之資本社會的特質——它必得是開創的,而且是無限的開創。更進一步來說,開創並誘引「需要」和「妒羨」即衍生所謂的「品味」(taste)。品味必然要以感情用事的體味爲基礎,但本質上卻是「文化」的。這也就是說,品味是由社會來形塑,也受社會來制約的。它反映的是一種認同、一種鑑賞、一種態度,也是一種價值。因此,它會有高下,也會有精緻與粗鄙之分,而這些區分又必然是承襲自社會,有一套的傳統做爲鑑定的依據。

由於品味乃反映社會的價值,操弄品味遂成爲人們在社會中砌塑「身份」與「地位」的最主要依據,也因此成爲人羣中劃分階層最常見的方式(Gans, 1974; Bourdieu, 1984; DeMaggio & Useem, 1987)。倘若我們採用 Weber 的術語,那就是「生活方式」乃勾勒地位的最佳指標。從這個角度來看,在今天的資本社會中,人們(包括「中產階層」人口在內)會傾向用「地位」取代「階級」來勾勒自己的社會屬性,並爲自己在社會階層中尋找定位,不是完全沒有道理的。這是一種被物化、也是被異化的「自我」格局,但卻是相當具體可及的。在資本主義之「自由競爭」的形式格局下,把人的認同由

「階級」轉到「地位」或「身份」，無形中軟化了「階級」所內涵之必然的矛盾對立性，解除了其武裝緊張的條件。同時，科技一再發展、資源一再開發、和國際間不平等之依賴發展等等因素，使得某些社會的絕對財富增加，也轉而使社會成員的平均所得增加。在此情形下，表面上，人們有更多機會獲取「身份」和「地位」的象徵品，因此給予人更多的希望，也是更開展機會的感覺。或許這只是潛藏性的假相，但是，無疑的，這正是資本社會雖然隱藏著宰制與剝削的內在可能性，卻又能安然無恙地被人們擁抱的理由之一。對正開始嚐到經濟成長甜頭的臺灣社會而言，情形更是如此。

當我們說「生活方式」被人們奉爲界定自我的社會屬位時，我們所指的不是如 Veblen (1899) 所說的「悠閒」的有無或多寡，而是「消費」的方式和種類。同時，它也不在於「所有」本身，而是「所有」背後內含的「身份」表徵意義和表現在「消費」上所具的價值，它又往往化約成市場價格來衡量。在此格局下，文化的意義不在於它被視爲目的，而是當成手段。它的指向是炫耀、展現性的消費活動，而不是精鍊、內斂性之個人的人格持修。這是一種外化，要求用同一的客觀物質形式來表示的表現。因此這是一種「外化—客化—物化」三爲一體的文化風貌。文化成爲是裝門面的飾品，它有的只是「功能」，而不是「意義」。對主體而言，這樣的文化展現永遠缺乏眞誠、貼切的神合感受，說它是一種異化的現象，實不爲過。事實上，一旦一個文化創造品被用來當成「身份」或「地位」的指標時，文化創造品基本上便已喪失了淨化、提升心靈的意義，其高尚的人文精神就已被扭曲，也被揚棄了，同時其成爲「異化」的階層區分的工具性格也就被確立。如此把文化「功能」化無疑的是資本社會市場經濟最主要的特色，也是使文化被庸俗化的關鍵所在。

四. 臺灣歷史、文化與社會條件的考察

在前文中，我們就「中產階層」潛在的階級「矛盾位置」性（即CLCR 性）與資本社會之經濟邏輯的文化意涵來爲「中產階層」的性格定位。這樣的進路爲的是替臺灣「中產階層」的歷史性格尋找一個普遍性意義的立論基礎。換言之，今天臺灣「中產階層」的性格基本上乃反映資本社會的經濟邏輯。其體現的特點雖然是「文化」的，但其本質還是「經濟」的。然而，我們也不能因此忽略臺灣特殊的歷史文化背景和社會發展模式，對形塑或催化「中產階層」之性格的意義。換句話說，在上節中我們考慮的是普遍的歷史條件，而在此，要考慮的則是臺灣的特殊歷史文化條件。

首先，我們以爲臺灣社會的特殊歷史與區位背景，對形塑「中產階層」的性格(尤其對文化風貌)有一定的影響力。這得從移民社會的特質談起。通常，移民社會的文化上多少都具有邊緣性格，其可塑性較高，被扭曲、宰制的可能性也就相對地較大。再者，移民一般來自社會中的中、下階層爲多。對他們而言，文化一直是潛存在日常生活的習慣行爲之中，它爲風俗習慣所吸納，長期潛伏在意識之下，缺乏被引導浮現在明顯意識層面，主動從事詮釋、批判，與思辯的契機。對他們，文化的作用因此表現在潛移默化地承繼和延續過程當中，乃深嵌進日常生活中，尤其是透過儀式、禮儀、習俗、言談用語，與信仰來表達。人們的意識主體則主要表現在與現實環境從事生存的搏鬪，其重心是對「基本生存」的關懷。文化的意識表現在於「生存」，而不是「身份」或「地位」的衍生上。

經過了三、四百年，按理，今天的臺灣已不應該還是移民社會，

自當有其文化特色。事實上，從臺灣民間社會，我們是可以感受到一股文化活力在脈動，也依稀可以察覺到頗具特色之文化風格的存在。但是，整個情況還是相對地混沌，不是十分地清澈透明。推其主因至少有下列四點: 第一、臺灣地處亞洲大陸東部列島的中央，是連接日、韓、中與東南亞的輻輳點，自古以來就是諸種族（尤其西方列強）東進或西移的必經地。因此，臺灣人種薈萃，承受多種文化的交滙。第二、經過日本五十年殖民統治與國民黨四十多年的經營，優勢文化更換頻繁，扞格了具本土特色之文化有成熟發展的機會。第三、隨著國民黨撤退來臺的新移民來自中國大陸不同省份。他們人數雖不是十分龐大，但因大都聚居在都市之中，且有的自成獨特的純質社區，形成明顯的次文化。這些新的文化無疑地為臺灣社會添加更多的成份，一時尚無法揉合在一起。第四、至遲自日據時代開始，臺灣卽已開始吸收西方近代文明。近三十年來，隨著跨國企業的膨脹與國際資訊流動便捷，西方（尤其美國）文化以商品的姿態大量傾銷進來，滲透進入一般大衆的日常生活，形成一無所不在的宰制網路。此一文化挾著「現代化」的迷思，顯示出其強勢能力，影響甚鉅。

在以上四個條件的交錯折衝之下，臺灣的文化場域是多元、開放，也是常變的。一般的民衆對外來文化的吸納甚為敏銳，模仿力也強。嚴格來說，這原不是壞事，用之得當，假以時日是相當有利於締造一個內容豐富、具開創性之文化原型的契機。但是，在上述歷史背景下，主客觀條件一直都未臻成熟，因此，形成一有韌性且具特殊風格的文化似乎尚未能看到。相反地，由於缺乏具深厚之文化自省的社會底層為後盾，在經濟快速成長的推動下，資本社會的文化特徵加速地表現出來。人們競相追求西式「現代化」生活方式，並以此炫耀。這表現在「中產階層」人口中特別地明顯、也特別地積極。

這四十年來的臺灣是一個「階級」意識高度被壓抑的社會。一般民衆的「階級」意識相當薄弱、晦暗。這麼說並不意味在過去從未有過「階級」意識產生過，也不意涵在未來它也沒有產生的可能。我們要指出的是：在國民黨政權聯合資本家壟斷種種社會資源（尤其敎化機制）與充分運用權術手法的情形下，階級意識刻意地掩飾與消毒，一直缺乏充分被展現與披露的條件。

尤有進之的是：四十年來，臺灣地區利用廉價，但品質尙稱優良的勞動力，吸收核心工業國家的剩餘資本與技術，發展出口導向的勞力密集工業。近三十年來，此一發展促進了經濟成長，也迅速改變了產業結構，加以周邊結構（如敎育普及和程度的提高）的適當搭配，臺灣社會的職業結構大幅改變，社會向上流動機會加大，一般人收入也大幅度增加。這些條件使得更多人在主觀自我認同上，同時也在客觀認定上，有更多被歸類爲「中產階層」的機會。這樣之職業聲望所具結構性上傾機會開展，無疑地使得這部份「蒙寵」的人口陶醉在驟得財富與「身份」之中，更使得未能「蒙寵」的人口也認爲自己只要努力，有朝一日也可以有向上流動，或有分享榮耀的機會。很明顯的，過快的成長，驟得的成就掩遮了社會內存的種種壟斷、剝削，與宰制的不平等現象，自然也就激發不起「勞動者」的階級意識。何況，「中產階層」本就內涵有「矛盾位置」性，驟得的身份與成就無形中又多添加了更多的模糊和曖昧。凡此種種條件，正如我們在上文中指出的，強化了驟與的「中產階層」更傾向以消費與生活方式來界定自己的社會屬性。

五. 市場導向的「中產階層」的身份文化性格

誠如上述的，根據資本社會的市場原理，文化可以是牟利的資本，也可以是商品。任何創新所附加的文化象徵具有反映「身份」或「地位」的作用，其本身不具自主的意義。文化象徵的「功能」化導使任何文化象徵品被庸俗化，也被物化。更重要的是，它還以「時尚」的方式被呈現。事實上，這也正是資本社會市場原理的重要成份。

可以理解的，在資本社會中，人們所以高度且密集使用科技來帶動生產，爲的事實上只是以求變求新的手法來刺激、誘發消費大衆的「需要」，以促進消費品質和數量來奏收更大利潤的功效。更重要的是：他們必然要求把「創新」轉化成爲日常生活中可消費的物品形式，並且利用各種廣告媒介誘發人們產生「虛假需要」來吸取更多的利益。這樣的「物化」過程迫使文化以時尚的姿態出現。一旦時尚成爲消費哲學，人們對文化的要求將只是以追求形式上新穎或精緻的款式，或功能上的品質爲其鵠的。這樣的文化爲的不是心靈本身的提升，而是做爲「身份」的認定指標與炫耀的依據。商品的消費基本上變成是符號的消費，符號自身具有不用解析的魅力，這正是「中產階層」向所認同的生活態度，也正是資本經濟的牟利原則所樂以看到的現象。

原則上，資本經濟「剝削」性之牟利的對象是全體消費大衆。但是，其市場機制的運作卻深能掌握常態分配的大數法則，在策略上常是以「中產階層」的身份消費模式爲行銷的訴求對象。「中產階層」的身份文化於是成爲遂行牟利之私慾的符號。尤其，在「中產階層」人口日漸龐大，一般消費能力日益提升的趨勢下，掌握操弄「中產階層」的消費品味，不但玩弄「中產階層」於股掌，而且也足以吸引所謂「中、下藍領階層」產生向上認同與模仿的「身份」投射。就策略理性而言，這是風險最小、投資報酬最高的訴求方式。無疑的，這是充分地掌握了「中產階層」之社會屬性所具有之經濟意義的具體表現。在如今天之臺灣這樣的社會，一般人民收入增加，消費力提高。就統計學的原理來看，理論上，認同「中產階層」之消費模式與生活方式的人口將是最大的，因此，刺激、創造「中產階層」之消費模式正是牟利最保險的策略，它可以保證有最大的可能消費人口。其實，這早已成爲資本社會普遍的經濟法則，並不只是臺灣如此。

總之，我們看到的現象是：政治與經濟精英彼此支援，創造物化的消費文化以來掠奪財富與權力。他們的聯合陣線不但締造政治經濟的霸占局面，也主控了文化主導權的契機。在此文化主導權的宰制下，製造了一些如 Zijderveld (1979) 所說的「陳腔爛調」(cliché) 的「迷思」，諸如「進步」、「富裕」、「現代化」、「利用厚生」、「精緻文化品味」等等，用做爲掩飾體制內有權者壟斷性、宰制性之牟利的象徵煙幕。他們在知識階層的支援與協助之下，以聯合陣線的姿態掌握了「中產階層」的內在矛盾與曖昧性，以「身份」消費的俗世哲學帶動人們的工作動機，引導人們的意志，也痲痺了人們從事反省與批判的能力和動機。這樣的情形使得「中產階層」有的只是「感覺品味」(taste of sense) 而無所謂「反省品味」(taste of reflection)。這是當前臺灣「中產階層」之文化特質的寫照，也是其所具之階段性的「現實」風格。

無庸置疑的，臺灣「中產階層」這樣的文化特質是資本社會市場原則衍生下的產物，乃具有普遍通則性的。但是，我們社會裏有一些條件推波助瀾，卻也是不容忽視的。前述臺灣未能孕生一具主導地位之本土優勢文化，和臺灣地區對外來文化吸納敏感度高，當然都是重要條件。然而，除此以外，還有些條件是值得提出來的。第一、整個臺灣產業結構改變與教育機會擴大是近二十多年來的事。因此，代間的結構性向上流動率高，使得許多人父代屬於所謂「下等階層」而能在子代成為「中產階層」。這樣的高流動率，雖然在經濟上與教育上表現出明顯的「向上」「改進」，但是，卻未能在「文化品味」上立即也有了相對地「提升」。許多研究（如 Bourdieu, 1984; DeMaggio & Useem, 1978）指出，文化品味的高低與家庭背景有密切的關係。文化品味需要時間與精力的投入，才可能培養出來的。在現階段臺灣地區結構性階層向上流動那麼大的情形下，顯而易見的，父代的家庭背景並無法提供今天屬「中產階層」之子代良好的先決條件，以培養使用所謂「高品味」之文化生活內容的契機。這是何以臺灣「中產階層」的文化生活十足地只是身份化、物化，而未能超越、提升境界的主要理由之一。

第二、四十年來，政府把社會發展等同經濟發展來看待。在世界經濟體系中，我們利用既有的人力資源，發展中心社會游離出來的勞力密集工業，在國際分工的夾縫裏求得生存的機會。這種經濟至上的思想推到教育上就是科技至上的教育觀，其基本內涵是強調功利與實用的唯利主義，教育成為是發展市場經濟的手段，使得更崇高的人文化成理想被扼殺。尤其，在政治掛帥的格局下，教育更被當成烙印政治教條的機制。如此雙重的夾殺，使得我們的教育體制產生不了如 Bourdieu (1984: 24) 所說的「正當的自學主義」(legitimate autodidacticism) 的情形。在現行體制下，教育內容僵硬、教條化，也被工具化。學校所授的知識不足以幫助學習者引發擴充自學其他領域之知識或培養更寬廣的興趣空間。若說「正當的自學」現象存在，充其量也不過是強化或衍生泛政治與泛經濟的價值觀，如此只是更加形塑了成為「經濟動物」或「政治動物」的條件。

一般，家庭與學校是兩個形塑人之文化品味的最主要社會機制。一旦這兩個機制無法被充分動員來製造有利的條件，則社會的一般文化品味就難以提升。臺灣「中產階層」之所以被「物化」、「身份消費化」，這正是主要的原因。在這樣的條件下，我們看到是：社會裏財富愈來愈多，一般人的教育水準愈來愈高，「中產階層」的底基自然也愈來愈大。但是，這些條件非但無法使其階級意識充分顯現，其被資本體制所宰制的情形反而愈加嚴重。披著「現代化之精緻品味」外衣的文化迷思，更是有如包著糖衣的痲藥一般痲醉了「中產階層」。他們陶醉於既有物質生活「品質」，以具「身份」消費符號意義的「精緻文化」，仰望「現代先進的」生活方式。他們靠科技辛苦經營物質產品以來彰顯自己的存在意義。或許，這是一個樣樣呈現暴成暴長之社會所具有的普遍特徵吧！

六. 結　語

我們無意蔑視物化之「身份」消費文化的內涵，更沒有必要嘲笑臺灣「中產階層」的文化水準。或許，人類本來就是庸俗的，這世界原就屬於庸俗的人。高尚和雅緻也只不過是一種嘲諷。我們似乎不宜以過嚴的倫理與美學的眼光來宣判「物慾」是可恥、醜陋。因此，我們實沒有爲臺灣「中產階層」之「墮落」而悲傷的理由。這些都不是本文所意圖說明的。

誠如在上文中一再指出的，從階級的內在理路來審視，「中產階層」的階級性是曖昧。這種情形在臺灣尤其明顯，甚至可以說階級意識就從未產生過。這樣的情形使我們不得不思考從另一個角度來捕捉「中產階層」的社會類屬性。採取消費文化的角度來切入這個問題是一條貼切的途經。換言之，臺灣之「中產階層」的神貌基本上表現在逐漸重視身份消費文化的生活方式上。其認定的依據不是一般社會學者所常用的指標，如「收入」、「教育水準」，與「職業與職位」。從當事者立場來看，這些客觀特徵只是隱藏性的條件，它們合在一起還不足以勾勒「中產階層」的眞正核心種類屬性。

臺灣「中產階層」開始普遍發展以生活方式來做爲身份認同，似乎是晚近這些年的現象。說來，這是臺灣經濟與社會發展必然有的階段性體現。經過三十多年來經濟持續成長、財富的累積、教育水準的普遍提升、職業結構的更趨專業分殊化等等因素的作用，「中產階層」的人口底盤加大，身份認同的類屬社會條件更趨成熟。值此時刻，讓物化之身份消費文化來主導階層的認同似乎是順理成章的。講求消費品味，並以表現於衣飾穿著、居住空間、飲食習慣、休閒娛樂，與言談舉止等等特殊象徵符號來確認「身份」，正是今天臺灣「中產階層」的「時尚」。無怪乎，各種標榜爲紳士、淑女「雅痞」族之精緻品味的刊物如雨後春筍般地出現在市場上。同時，各種高級精緻的舶來品與「雅緻」的飲食聚會場所也日益鼎盛、蓬勃。這些在在展示今天臺灣「中產階層」正興起的消費文化時尚模式。

在這樣的背景下，「中產階層」愉快地享受著經濟成長的碩果，並且慶幸自己有機會活在這編織得相當豐盛的五光十色舞臺上。他們看不出資本主義體制下政經聯合陣線的壟斷和宰制性格，誤把結構性的流動機會當成眞正開放的流動，以爲只要自己努力打拼就有機會享受科技資本主義的成果。當然，他們更不願意承認，他們所吸吮的只是資本政經聯合壟斷體制壓榨下的剩餘利潤。他們更看不出，他們今天所擁有的只是資本主義經濟法則下所必須施放出來的「財富」，因爲沒有這些財富，資本家與其同路人就無法透過刺激消費來吸取更多的利潤。一旦「中產階層」的消費需要降低、消費能力萎縮，資本政經聯合支配體就喪失了搾取利潤的對象。從這個角度來看，資本政經聯合支配體必然刻意形塑「中產階層」的物化身份消費文化，並挖空心思來美化它。這是穩住「中產階層」的鴉片。看來，臺灣的「中產階層」，也與其他所謂「工業先進」國家的同儕一般，染上了這個資本主義的「毒癮」。他們陶醉在物化的「精緻文化」之中。「精緻文化」這一個充滿資本主義「外化一客化一物化」三位一體性格的「迷思」成爲這個時代流行的痲醉劑。這是一種不折不扣的「異化」現象。文化的精神「意義」喪失殆盡；它成爲服務「現代化迷思」的祭品，只有「功能」，沒有「意義」。「中產階層」正是支持這種文化格局的主要類羣。

（在此特別感謝陳忠信先生。他在評論這篇文章時，給了我很多啓示和建議。我能接受的，我都參酌加以修改了。）

（原文刊登於 蕭新煌編《變遷中臺灣社會的中產階級》·臺北：巨流，1989年）

參 考 文 獻

瞿海源

1985 <中產階級興起及其意義的認定>。《中國時報》，民國七十四年十月二十五日。

魏 鏞

1985 <我國中產階層的興起及其意義>。《中國時報》，民國七十四年三月二十三至二十五日。

Bell. D.

1976 *The Cultural Contradiction of Capitalism.* New York: Basic Books.

1979 "The new class: a muddled concept," in B. Bruce-Briggs (ed.) *The New Class?* New Brunswick. N. J.: Translation. 169-190.

Bourdieu P.

1984 *Distinction A Social Critique of the Judgement of Taste.* Cambridge, Mass.: Harvard University Press.

Bourdieu P. & Clude Passeron

1977 *Revolution in Education, Society and Culture.* Beverly Hills, Calif.: Sage.

DeMaggio, P. and M. Useem

1978 "Social class and arts consumptiom," *Theory and Society* 5: 141-161

Disco, C.

1987 "Intellectuals in advanced capitalism: capital, closure and the new class thesis," in R. Eyerman, L. G. Svensson & T. Soderquist (eds.), *Intellectuals, Universities, and the*

State in Western Modern Societies. University of California Press, 50-77.

Ehrenreich, John & Barbara

1979 "The professional-managerial class," in P. Walker (ed.) *Between Labor and Capital*. Boston, Mass.: South End Press.

Furaker, B.

1987 "The Future of the intelligentsia under capitalism" in R. Eyerman & Others (ed.) *op. cit*. 78-94.

Gans, H.

1974 *Popular Culture and High Culture. An Analysis and Evaluation of Taste*. New York: Basic Books.

Gouldner, A.

1979 *The Future of Intellectuals and the Rise of the New Class*. New York: Macmillan.

Hirsch, F.

1977 *Social Limits to Growth*. London: Routledge and Kegan Paul.

Holliday, T. C.

1983 "Professions, class, and capitalism," *European Journal of Sociology* 24: 321-346.

Lash, S. &. J. Urry

1986 "The dissolution of the social?" in M. L. Wardell & S. P. Turner (ed.), *Sociological Theory in Transition*. Boston, Mass.: Allen & Unwin. 95-109.

Martin, B. & I. Szelenyi

1987 "Beyond cultural capital," in R. Eyerman & Others (ed.), *op. cit*. 16-49

Veblen, T.

1899 *The Theory of the Leisure Class*. New York: Macmillan.

Wright, E. O.

1987 *Classes*. London: Verso. 2nd Impression.

Zijderveld, A. C.

1979 *On Cliches: The Supersedure of Meaning by Function in Modernity*. London: Routledge and Kegan Paul.

正視大學的人文精神

當年我進臺大唸書，一開始選的是哲學。記得有機會在校園裏認識新朋友，每當人們問及唸的是那一系，而回答「哲學系」時，人們總不免帶份訝異的表情。感到不屑的，每每會說：「這完了，以後畢業了能做什麼。」「扛榜的，是勉強吊著榜尾上臺大的」。不解的，則會說：「怎麼會選擇這種鬼系，神經有問題。」另外，具有浪漫情懷的，則會帶著嘲諷的口吻說道：「很不錯嘛，蠻有靈性、浪漫的。」

當時聽來的評語實在太多了，但有一點是共同的，那就是：從沒有一個人是帶著羨慕、尊敬的眼光來對待。我曾爲此感到挫折、沮喪，也因此自卑過。當然，過後也不免會帶著諷世的口吻，自我安慰的說：「面對這庸俗淺薄的世界，實在不用太在乎一般人怎麼看、怎麼想。世界應當是寬闊的，何必去計較呢！」後來，我轉了心理學系，說眞的，人們看我的眼光似乎是比以前好些，但是也好不到那兒。最不同的一句評語是：「那麼，你可以看穿我的心正在想什麼囉！」畢竟我年歲略大一點，早已見怪不怪，當時總是一笑以置之，不再多做辯白了。事隔二十七個年頭，我實在不知道今天的臺大人會以怎麼樣的態度來看待選唸這些一般所謂「不實用」學系的同學。我想，在愈來愈講求功利實用的氣氛下，評語至少不應當會改變多少，甚至，不屑和不解的人們恐怕會更多也說不一定。

我以前曾經聽過有些人主張把目前大學裏「不實用」的學系（如哲學系、歷史系、人類學系、社會學系等等）取消掉。這是相當極端的主張，當然是難以接受的。但是，另外一種溫和一點的論點卻廣爲大家所接受，也爲我們的教育行政長官們奉爲發展大學教育的基本指導方針，甚至有不少學者還大力鼓吹。這個主張是減縮這些「不實用」科系的招生名額，或是從此停止增設的申請。這樣的功利實用觀，說實在的，是相當普遍，而且根深柢固，事實上，這也一直主導著我們的大學教育的發展。

在臺灣，中學時唸書唸得好的，絕少願意以選擇「不實用」科系爲優先志願。這種情形男生尤其明顯。長期下來，不免就使人們常以中學唸書的好壞與投考大學科系的錄取成績來評定一個人品質的良窳。大家總以爲唸文法，尤其那些「不實用」科系的學生都是次等人才。前些日子，中央研究院數學所一位具博士頭銜的研究員在報紙爲文。根據他的說法當今政治所以搞不好，是因爲都是由這一些當年考乙組（按：早些年聯考分三組，考文法商科系的屬乙組）的次等生來管理那些考甲、丙組的優等生所致。一個曾受過高等教育、擁有博士頭銜的人都會提出這樣的荒謬論點，更不用說一般市井小民了。由此可以看出我們整個教育是有嚴重的缺失。

我們的社會一向就相當重視教育。早在兩千多年前，孔夫子就已強調教化的重要。歷代雖未能廣建完整的教育制度，但是，在科舉制度的支配下，唸書受教育卻一直是爲國人所重視。假若說中國人是個強調教育的民族，應當是不爲過的。然而，很明顯的，我們所以強調教育的重要，爲的未必是對知識本身有渴切的興趣，更未必是爲了窮盡天理、致良知，而是把知識當成手段，爲的是「書中自有黃金屋，書中自有顏如玉」。自古至今，中國人讀書就缺乏一份對知識具有膜拜的神聖態度。以前人唸書是爲了應付科舉，希望唸聖賢書能夠謀個功名以光耀祖宗，庇蔭子孫。今天，唸書爲的是謀一技之長，有了學位以謀個好差事來安身立命。這樣的功利實用觀念使教育的崇高理想萎縮，而屈服在經濟至上之實利觀下。

自從清季末年，當我們引進西方的敎育制度時，最主要的考慮就是有鑒於西方科技之威力，希望透過西式敎育的制度形式和內容來改變中國社會的體質，以達富國強兵之目標。敎育理當是經世致用，這原本就是中國的敎育理想傳統。但是，經世致用並不等於專習富國強兵之科技，而應當有更深邃、更寬廣的意思。經世致用是有啓迪人性，開創更豐富、更文質、更細緻之生命意涵的用意，乃必須以人文化成的精神做爲後盾，才可能開展的。遺憾的是，我們在引進西方的大學制度一開始就扭曲了這個精神，以爲大學的敎育在於培養學有專精的專業人才，爲的是開拓並奠定科學的基礎，以發展科技來鞏固國本與造福人羣。這種理念隨著工商業的發展更形突顯。這導使大學敎育制度在中國的土地上建立，一開始就走上偏差的路子。

毫無疑問的，大學旣是一種人爲設計的制度，其內涵自然會、也應當隨著時空轉移、社會條件的改變而有不同。然而，不管因時空條件不同，內涵應做如何的調整，大學畢竟有一個理念最爲根本，是不應當有所改變的。這個理念就是開展「人文化成」的精神。這是大學之所以是「大」學，也成爲締造、開展、修飾、和矜持一定之理想主義色彩的主要理由。倘若一個大學只是反映庸俗社會的需要，成爲政治與經濟建制的附庸，而無能力開展其獨立風格以引導社會開創新格局，則將是社會的不幸，也將使文化庸俗、泉源枯絕。

在西方，大學的設置一開始乃爲培養未來之統治階層的優異份子，其敎育目的卽是人文化成一個人的氣質，以保證統治階層的品質。因此教育是以彰顯「博雅」文質的課程為內容。所謂三學科(trivium)(包含文法、邏輯、與修辭)與四學科(quadrivium)(包含算術，幾何、天文、與音樂)在在無不是以培養文化品質為目的。在希臘，由於雅典人長於從事邏輯分析的思考方式，也習於藝文活動。長期以往，代表分析理性的邏輯、算術、幾何、與天文和反映精緻文化素質的文法、修辭、與音樂，自然成為統治階層必備的文化素養，也於是成為教育中不可或缺的一部份了。

在以前，生產技術尚未充分發展，社會分工還是相當粗糙，政治權力的階層結構駕凌經濟生產結構形式，成為決定教育內容的主要社會條件。如此因應政治統治階層需要而發展出來的博雅教育，遂成為西方大學教育的基本理念內涵，一直持續至十九世紀。在大學裏，博雅教育的理念受到挑戰，還是二十世紀以後的事。

在十八及十九世紀裏，歐洲發生兩件大事。一個是法國革命，另一是工業革命。這兩個事件改變了歐洲的社會結構，也促進了思想上的改變，更催化大學教育理念的更動。首先，工業革命改變了人類的生產模式。在資本主義的經濟型態下，使用機器生產乃是一種合理的生產形式。為了以最有效率的形式來達至最有效用的生產和行銷以牟最大的利，如何有效地使用原料、工具、勞力、方法、與能源，自然成為整個生產過程最主要的考慮。在如此工具理性的驅使下，科學和技術做了史無前例的結合。傳統沒有地位的工藝披上了科學的神聖外衣，以「科技」的身態出現，猶如菩薩塗了金，身價頓然倍增。

隨著整個生產結構的大幅變化，職業分化也更趨細密、明顯。新科技帶來更多新職業，也因此要求更多的技術訓練和知識，否則無以應付實際的需要。另一方面，法國革命刺激了民主意識的提升。其結果是：除了爭取政治與經濟上的自由與平等之外，人們也要求有受教育的平等機會，因爲受教育乃保證社會流動機會均等的基本條件。總之，知識的專精與分化成爲現代工業社會必要條件。這樣的知識專精分化並不祇侷限在與經濟生產有關的自然科學，或工程、醫學、農漁礦業、和管理等應用科學，而且也擴延至有關人、社會、與文化的知識。更重要的是一切的知識幾乎都要冠上「科學」而且自立門戶，才足以在學院裏占一席之地。

毫無疑問的，爲了順應時代潮流，大學教育強調知識的專精分工，而且以功利實用爲目標。在這樣情形下，人們實在沒有太多的客觀現實條件，再矜持傳統重培養政治貴族的博雅教育理念。大學教育被平民化、庸俗化、功利實用化、技術化，自是可以理解的。人生本就有現實的一面，正當的追求功名利祿原本無可厚非。尤其，爲了順應分工專精的時代潮流，爲了生活得更舒適、更有安全感，人們以功利的眼光來看待教育，也似乎無法完全避免的。然而，把大學教育化約汰飾成只是以科技爲主體的工具性知識的傳授，也就未免過度物化、異化了整個大學教育崇高的社會意義。其實，經過細心的設計，我們並不是完全不可能在傳統的博雅教育理念和現代的專精教育要求之間尋找妥協的平衡點。事實上，這也正是未來大學教育應當考慮的發展方向。

討論大學教育的未來發展方向時，有一個前題是無可避免的，那就是：大學負擔有培養專精高級人才的責任。這是順應社會分工要求知識專精化的需要而來的，我們可以稱這爲現代大學的現實性格。就這方面來看，大學是有責任培育工商企業發展所需要的科技人才。爲了達到這個目的，在大學中適當的分科別系以訓練科技專才是有其必要的。但是，關鍵在於：大學所提供給學生的科技專業技能和知識是否需要配合外面市場的需要？是不是有過度訓練的情形？是不是大學裏的專業課程有疊床架屋的現象？這些問題牽涉到經驗實徵的事實，沒有經過仔細的研究，原不宜草率下結論的。不過，以個人十多年在臺大任敎的經驗來看，大學裏專業課程內容疊床架屋的情形相當普遍，說實在的，有精簡的必要。再說，就以與社會中之專門職業有對應關係的科系來看，學與用間有裂罅的情形早已有研究指出，而且以爲大學所敎授的課程過多偏重學理。總地來說，單就與科技有關的科系來看，專業的養成敎育有偏重的傾向，實在用不著要求一個學生修那麼多的專業課程。換句話說，在四年的課程中，可以匀出更多的學分從事另外性質的敎育。

誠如上面所指出的，固然專業敎育是現代大學敎育的重點，但是，我們不能忘了社會畢竟是人的世界，是由人來主導的。就拿學醫來說，一個醫生所需要的不只是精湛的醫術與醫學知識，而且也需要高尙的醫德。再者，在醫院工作，終也會因資歷、功績使職位往上遷。職位遷動後，所需要的知識已經不只是醫學知識，而是管理技巧、組織理論、乃至有關人與社會的知識。因此，單就職業上的需要，大學的專業敎育內容實不應侷限於該行的專業。

其實，把大學的專業敎育技術化是對「專業敎育」的內容誤解與窄化的結果。認眞來看，任何的專業敎育都是「人本與人文」的敎育。其道理很明白。不管人們如何改良科技、發展科技，其最後宗旨無不是爲了改善人的生活環境，爲人類謀福利。基於這樣的理念，任何科技性的專業敎育都應當以「人文」精神的發揮爲前題，也就是說，都應當落實在人文意義上來考慮。把專業敎育技術化而完全揚棄人文精神的薰陶，無疑地是一種「異化」的作爲。對整個大學敎育而言，這是一種諷刺、也是一種無知的行動。

再說，接受現代大學敎育是以專業敎育爲主的事實，並不等於否定大學的另一種教育功能。個人以爲，除了順應科技專業的潮流之外，傳統的博雅教育還是大學應具的社會責任。這是大學所具的理想性格，可以與上述的功利實用的現實性格相互搭配、並容的。首先，我們必須破除「職業」導向的大學教育理念。固然我們不能完全否定大學負有培養外面大社會所需之專業人才的責任，但是，我們更需要認識一個事實，那就是：即使單就社會裏的職業結構而言，社會中還有許多的職業（如一般公務員、公司行號的職員、中小企業的經營者、計程車司機等等）所需要的專業知識並不必要那麼的多，也因此不需要耗費四年來養成。相反的，它們所需要的是一般的通識。就這個角度來看，傳統的博雅教育還有在大學存在的可能和必要，只不過其施用目標並不如傳統社會一般著重培養政治精英，而是普遍提升國民文化素養。準此，我們實沒有理由、也不應當把大學變成高級職業訓練所，培養單相面的人，或如西班牙哲學家歐第加・蓋塞（Ortegay Gasset）所說的，培養「有學習能力的無知者」。

就科技性專業科系來說，爲了收受經濟效益，人才的養成是應當遵循人力評估的計劃，以免學非所用、浪費人力與教育投資。這是大學教育現實性格所必要內涵之工具理性的考慮。但是，對非就業導向的科系而言，其所膺服的原則就應當不一樣，不能相等以視。首先我們要指出的是，在大學裏，有許多科系（如哲學、歷史、社會、人類學等）的設置，基本上不是因應外面社會生產結構之職業需要，而是延續傳統大學之精英博雅教育理念的殘留體制。以就業角度來看，唯一對這些科系畢業生給予保障的職業就是在大學中該科系的敎職。準此，這只是一種需求相當有限的內在遞嬗循環。譬如，我們有哲學系，所以需要哲學教授：而唸哲學系又主要的是爲了以後當哲學教授。如此，學生與教授產生了內在自衍的共生狀態。超出這個共生的範疇，則往往無以生存了。以今天功利實用的「人力資源」教育觀來看，這樣的內在共生科系是一種奢侈的傳統殘餘，自然是應加消減的。

在前面，我們提到，非就業導向的科系之所以繼續在大學中存在，乃是延續博雅教育理念的傳統，雖然它們已逐漸在變形之中。這些科系大體上乃指人文、社會與自然學中之基礎學門。它們主要的工作是探究宇宙、人生、與社會現象的奧秘。這樣的知識基本上並非單純為了實用上的目的，而是透過對現象本身的瞭解，為人類締造更具開展性、更爲豐富的存在意義。其特質是理想性、也是開創性的，知識朝向未來，求知本身就是目的，而不是手段。因此，這些科系的存在並不是也不應該爲的是配合就業機會結構。其存在是立基於理想，也是用以指導現實的標竿。

不過，在這個功利實用主義猖獗的時代，顯然的，這類型的科系太過理想了，現實就業的問題往往就使年輕學子裹足不前。然而，我們不能因這樣的現實狀況，貶低、乃至撤銷了理想性知識的存在。只是，爲了兼顧時代潮流，這類科系的安排有重估的必要。事實上，也惟有如此，才能使這類科系的教育功能適得其所地發揮最大的功能。個人以為，以目前大學的體制來看，此一理想性教育的最大缺失並不在於吸收不到優秀學生或就業困難，因爲這是社會功利實用化下必然的現象。其最值得檢討的是在於科系分化過細，以至於喪失發揮原先博雅教育的精神，才是關鍵所在。

理想性科系分化過細乃是整個社會分工細密化影響下的結果。如今修習這類科系的學生，也如科技性學問一般，專精某一小部份的知識。假若這是發生在研究所階段還說得過去，因爲這個階段的訓練基本上是爲了儲備專業研究與教學人才。但是，假若這種情形也同樣施及於大學階段，那麼，就值得商榷了。我們持的理由是：在大學教育中，這類型知識之最主要意義，並不是爲了配合社會的經濟生產職業結構，以培養科技專才，也不是爲了養成高級研究與教學人才，而是在於提供社會的成員接受博雅通識教育的機會，以俾提高國民之文化水準與氣質，並進而培養社會的領導中堅。倘若這個理念可以接受的話，我們就沒有必要把這類型之科系如同科技性科系一般，分得那麼細密。比較適當的做法應當是，打散原有的科系而重組成幾個大的領域，以傳授通識的知識爲教育目標。例如，把原有之人文與社會學科的科系重組，只分成人文研究與社會研究，而採主修制度，讓學生選一或兩學門當主修，而讓主要的敎育目標擺在讓學生對人與社會有一通盤性的瞭解，並且佐以藝文與倫理等課程，俾使學生可以透視人類文明之諸種表現方式的特徵，以來提升其文化品質與改進人格氣質。

總的來說，時代的巨輪在推動，大學的意涵也勢必隨之做調整。面對著科技文明的發展，大學走上專精並且強調功利實用知識，幾乎已是無可避免的趨勢。但是，大學傳統的人文博雅敎育精神還是要保存。在理想和現實的夾縫裏，審諸學院外世界的需要與學院的社會責任，大學的敎育應當是人文與專業雙頭並重。最重要的是，我們應當瞭解，不管分工如何細密，任何科系的敎育基本上都是成就人文化成的敎育。惟有如此，整個大學敎育才不至於被物化、異化。把大學敎育窄化成功利實用的專業敎育，只能表現出人的短視與淺薄。這無疑地扭曲了大學的傳統理念，也貶抑了人的品質。讓時代來牽動大學的發展，而不是大學來引導社會的發展，將終使社會更加庸俗、更缺乏理想性。這恐怕不是我們所樂於看見的。一個理想的狀況應當是相反的；那就是，讓大學孕育更崇高、更豐裕、更高雅的理想，而透過敎育，讓這些理想在社會中貫徹。因此，是大學帶動引導社會，而不是讓社會現實來腐蝕大學的理想和精神。

（原文刊登於《臺大評論》，1989年春季，臺灣大學教授聯誼會出版）

高等教育的理念

一. 前　言

德國哲學家 Jaspers 在一九三一年曾說過:「當整體的本質(substance)毋庸置疑地呈現, 若聯貫以穩定形式, 教育有其自明的價值。它衍蘊著眞摯, 透過眞摯, 每個相繼的世代被吸納進入整體的精神而形成文化。人的經驗、工作、和行動於是在其中進行。」(Jasper, 1951: 110-111) 這句話啓示我們, 教育是一種開創、傳遞、和吸納文化的事業。它也是一種社會結構形式, 靠著這種形式, 個體和社會藉由文化聯結了起來。因此, 文化是教育的內容, 也是媒體; 有了它, 人與人的關係才順利地聯結起來, 而形成一個認同體。

教育和文化之間具有目的論式且互相涵攝的關係。文化靠著教育, 方得以延續, 也得以開創新的格局; 教育因爲文化, 才有其必要, 也才有具體的依靠。這樣的互攝並不祇意味著角色功能上的互補, 而且意涵著互爲辯證的可能和要求。換句話說, 教育不祇是如實地傳遞文化傳統, 也藉否定、批判傳統而開創文化的新契機。同時, 文化的締造往往又開展變革教育的可能, 也是變革必要的動力。教育和文化如此相互肯定又否定的雙重互動關係, 清楚地指明了一個現象, 那就是: 教育的內涵和體制必要因時、因地而不時地調整、變革，才能保持其所具有之社會功能的生機，也才能發揮最大的社會效益。

在整個教育體系中，學校教育是最具制度化性質的一環。在現代社會，此一環特別的明顯，也特別的重要。在現行學校教育體制中，高等教育（尤其是大學）是層次最高的一環，其所具之意義和中、小學不一樣。基本上，這意義的不同並不是高等教育比中、小學教育更爲重要，而是在教育目標上有不同性質的考慮。以文化的觀點來看，高等教育與中、小學教育的不同，最主要的在於其所欲達致的文化教化目標不同，其間實際上無所謂孰重與孰輕的重要性差別。這是首先必須確立的基本立場。

二．學校教育的文化意涵

順著上面的思路下來，首先要問的是：從文化的觀點來看，學校教育的社會意義爲何？其次是：高等教育又如何？其文化目標安在？

學校教育是一種體制化的教育制度形式。在臺灣，這種教育方式到了二十世紀，尤其日人據臺後，才成爲普遍，且具強制性的敎化形式。在傳統社會裏，對絕大多數的人，家庭是社會教育的最初基，也是最主要的場所，其次就是社會本身。這樣的教育情境並不具「正式」且「制度化」的形式，而只是一種隨緣式的機會教育，分別差異很大。在這樣的方式下，教育沒有和日常生活世界隔離，兩者是混融在一齊。人們從實際日常生活的實踐活動之中，透過經驗的認知與偶然別人的教導，學習到一些有關人和環境的事務和進退應對之道。在此情況下，人們所學到的並不是一套有系統的知識，而是一些靠長期經驗累積的常識或社會共識的規範。其實，嚴格來說，常識並不是完全不具系統性，只是此一系統性常常是隱潛，沒有明顯地被人解析、察覺出來而已。因此，常識很可能是一套有系統性，但卻未被充分解析而體認的「知識」。

在傳統社會裏，除了家庭以外，私塾是另外一種常見的教育管道。但是，對廣大的人口，畢竟有機會進私塾念書的極爲少數，往往只是仕紳階層才有能力供給其子弟進學。因此，社會本身就成爲是家庭之外最主要的教育場所，尤其是工作場域爲中心所形成的社會圈。很明顯的，這樣的教育是缺乏正式的制度化之結構形式。它旣無明顯系統性，也缺乏普遍延續性，是一種以實踐爲主體的教育方式。也就是說，生活世界是教育的場所，兩者合而爲一。人們邊作邊學，從自己或別人（如父母、兄弟、師傅、或其他尊長）的經驗之中吸取一些生活必須的常識。學徒的學習方式就是一個最典型的例子。

生活世界與教育場合融薈在一齊，意卽教育是在「自然」的情況下進行。社會並沒有特別刻意地設計一套文化內容，也沒有系統地透過獨立且制度化的形式來教化其成員。在這樣的條件下，文化是靠常識性的經驗來累積、修潤；傳統是仰仗風俗、習慣、與民德來傳遞。隨著日常生活必需的局部調整，文化只有部份的修改，一代代地傳遞下去。其間沒有太革命性的劇變，一切顯得相當地自然，也理所當然，很少會令人置疑的。在這樣的社會環境裏，雖然與現代社會一般，文化傳統具有選擇性，由上一代傳給下一代時會被篩汰，也會有所添增，或創新，但是，大體上，階層與世代對文化體現的壟斷性並沒有充分地被披露出來。人們不會充分意識到他們所做所爲的事實上是由上一代，乃至只是某個階層所強制或制約加以定義的。這種「宰制」性始終沒有被意識化。給的和拿的都顯得那麼理所當然，不但不允許懷疑，甚至也從未覺得唐突過。

學校教育普遍成立之後，日常生活世界的自然現象被打破，傳統的自然關係被割斷，理所當然的樣態也被動搖。繼之而來的是人為與強制的色彩日益濃厚。尤有甚之的是，教育做為一種人際互動的形式，乃挾帶制度化的正當性，以泰山壓頂的氣勢凌駕「覆蓋」在生活世界，君臨天下似地控制著人們的日常生活，把人的生活納入它的囊中。

教育的擔子從家庭釋放出來移到學校，不但意涵著家庭之教化功能分化，甚至萎縮，也暗示著教育形式有著實質上的改變。學校代表一種具形式化、系統化、與集體化的教化制度。這自然不是家庭（或類似社羣）教育所具形式不明、缺乏系統性、與明顯個人化的情形可以等同。這些特質帶來一種結果:「自然」地擴散滲透在日常生活世界各個角落的教育形式，雖然理論上還會繼續存在，但其地位已式微，而改由明確、獨立自主的制度化教育形式所取代。無論就空間或時間的角度來看，教育都具有獨立、分離的具形特徵。在人的生命史中，它以轉化且有明確時空範疇的方式，在生活世界裏占有一席之地，並且與其他生活領域如家庭、工作……等等有相當明顯的區分界線，可以清楚地分開。

就空間而言，學校教育的場合乃侷限在所謂「學校」這麼一個空間。這個空間具有一定的認同意義，是不同於其他的空間。譬如，對學生，這個空間的意義就在於他是屬於該校的「學生」，而畢業之後，就是「校友」。當然這個空間與其他空間可以相聯串，有著一定的關係，但是，在現象上，對人的主觀認知，它明顯地可與其他空間區分開。這種空間的可分離獨立性是學校教育的一個重要特徵。人們透過這樣的空間感，可以區分其他人與「我」之不同的羣屬歸依，也因這樣的認同而帶來「地位」與「身份」感，締造了不同的文化。（如

「臺大人」卽具「身份」的文化意義)。

就時間而言，我們可以分成「每日生活」與「生涯史」兩個層面來考察。以臺灣爲例，在每日生活韻律中，一個上學的人在學校時間大約是從上午八點到下午五點，也許更長。換句話說，不管時間有多長，學校的存在把一個人一天的時間切割成幾個特化的活動範疇，而且時段也被固定化。人一天的時間被系統化、也被形式化，更重要的是被統籌成爲是集體的形式。譬如，上午八點十分至十點上「中國通史」，而且是五、六十人集中一齊在敎室（特定空間）中上課。

其次，就生涯史而言，如此特化的固定形式也明顯地可以看到。一個人接受學校敎育的日子可以從六歲至二十二歲，甚至更長至三十多歲，而且有愈來愈往兩頭移動延伸的趨勢。倘若以七十五歲爲平均壽命來估計，一個人受敎育的時間可以占整個生命的五分之一強或更多。更值得注意的是，這段時間還特別占有了生命的前端時間。這個現象意涵，敎育對一個人後續的生命具有決定性的作用，此一意義絕不能以時間的長短來估計。例如，一旦一個人考上了醫學系，其後一生大致相當明確地被確立下來。這個人不是當醫生，就是當醫學敎授的機會相當高。而且，我們甚至可以預期，他的社會地位與收入都不會太低。

我們特別提出學校敎育的「時空分離獨立性」（針對生活世界而言），是有意義的。如此的獨立性，除了把學校與其他生活世界明顯地分開之外，其最重要的意涵是突顯學校敎育的權力意義。

上述學校敎育之形式化、系統化、與集體化的內涵卽敎育的「建制化」。基本上，建制化是權力展現的一種形式。就學校敎育的建制性來看，其最初基的意義就是：「社會」企圖跳過家庭（或其他類似社羣形式）此類中介社羣，達到「直接」操縱其成員的作用。學校於是乎成爲社會實現其操弄意圖的敎化機制。上述之「時空分離獨立性」的安排，可以看成是達成這種目的的一種「合理性」手段。從這個角度來看，整體而言，「時空分離獨立性」是結果表相，而不是原因。姑且不論歷史動力因素爲何，「建制式」的敎育形式（以下通稱之「學校敎育」）及反映特殊世代和社會階層的權力結構關係。基本上，這是一種宰制的關係形式。學校之文化領導權的性格也就在此權力關係形式之中剔透出來了。

總體地看，學校所呈現的文化內容乃反映居優勢之統治階層的意識形態和文化理念，並且往往把具自身的利益隱藏其中。這種表現在敎育體制上權力之不均等關係，最具體而微的是反映在世代之間。換句話說，敎育其實乃是上一代對下一代的權力施用。撇開剝削和掠奪與否的問題不談，文化傳統就是在這樣的世代權力不均運作下得以「順利地」傳遞下去。於是乎，在敎育的領域裏，所謂的「社會」並不是整體社會，而是掌握主控權之世代，尤其該世代中居領導地位的在權者的化身。「社會」事實上是權力的代名詞，一個美麗的普羅化託辭。

學校不祇是權力擁有者用來敎化其成員(尤其未成年者)的機構，同時也是做爲篩選各種繼承人員與決定身份地位的一種社會形式。更值得注意的是，在敎育場合被特化而分離獨立以及被少數人壟斷的情形下，敎育使人的價値認定和意義選擇更趨普遍化，也使人們追求的目標更爲集中。譬如，許多人追求學習醫學，爲的是將來職業穩定、有保障、又有地位。於此，人的追求集中在財富與地位的考量，而「醫生」此一概類成爲人們價値普遍認同與附着的對象。

集體式之敎育所助長的普遍概化和集中化乃有助於在權者之敎化控制更爲有效，也更徹底。再者，只有在時空範疇（尤其空間）被侷限與明確化的情形下，人口才可能有系統、有組織的集中，使集體監視和教化更形便利，可以在同一個時間內，把系統化、標準化的文化內容，有效地烙印在一大羣人的腦海裏。這是學校教育能夠發揮有效之控制契機的關鍵所在，高等教育自也不例外。

三. 高等教育的「結構」定位與「文化」定性

從受教者生命史上的「現在」時間定點來考察，高等教育是整個建制教育過程中一個人最近，也是最後的學習機會。之後，他將結束體制內的制度化教育，正式踏入「社會」，納進社會的生產（就業）體系。就這一點來看，高等教育對個體具有的意義應當是更貼近其出了校門後的工作。這也就是說，高等教育往往不被認爲只是一般的通識教育，而是爲了對應社會需要的專業教育。這樣子來觀照高等教育自是相當功利，深具實用主義的色彩，但卻也是無可避免的歷史潮流。要求高等教育的內容與社會生產體系密切配合的功能強制性（functional imperative）是遠比中、小學教育高了許多。

十九世紀末葉，柏林大學的 Von Humboldt 與 Althoff 倡導大學改制。他們擺脫中古的學術傳統，標榜大學的新理念，主張以大學[1]爲「研究中心」，教師的首要任務是自由地從事於創造知識（引自金耀基，1983）。Flexner（1986）在其著《大學》一書中，闡揚這個理念，強調現代大學應當不同於十九世紀英國牛津大學學者 Newman（1959）之主博雅教育，而是以研究與發展和教育並重，同爲大學之

---

[1] 爲了避免討論的對象過於龐雜，以致無法充分掌握，也使問題難以凝聚，以下所論的高等教育乃侷限爲大學與四年制獨立學院，而不包含專科學校。

基本任務。尤其，隨著資本主義的發展，生產牟利主義盛行，如何提高生產力與刺激消費順理成章地成爲社會追求的目標。透過科技來提高生產、改良產品，推出創新，成爲勢在必行的時代潮流，社會需要具原創的實用知識愈來愈迫切。Bell (1973) 卽指出， 到了後工業社會， 科學的理論知識日形重要， 也大幅度膨脹。 大學自然「義不容辭」地把科技的研究工作承擔了下來 (Ben-David & Zloczower, 1962) 。大學於是被吸納進入生產體系❷，而甚至幾乎成爲其中不可分割的一環，其結構明顯地受制於社會的經濟與政治生產體系，反映它們的需要。這樣的結構無疑的使得大學成爲生產體系的附庸，其獨立自主性日益萎縮，理想性格也嚴重受到傷害。

無論就那個角度來看， 知識都是形塑一個社會所不可或缺的元素。它不但提供人們更有效控制環境和主宰世界的手段，而且也提供人們精神的支柱。大學在社會中之所以重要，正因爲它乃居制度化之知識體系的最頂點，可以負擔起這些重責的緣故。這樣的說法其實很不精確，更精確的說法應當是: 大學之地位所以神聖，其居知識體系的最高頂點，只是一個客觀性的階層條件，而不是最爲關鍵的重點。其最主要的還是在於它具有開創社會之理想的機能與條件。倘若大學只是呼應社會裏生產體系的現實需要，大學就將淪爲只是高級職業訓練所而已。 就大學的理念傳統來看， 這無形中矮化了大學崇高的理想，也滯窒了社會進展的基本動力。

大學的理想基本上是宣揚人文主義， 因此其社會特質是文化性

❷ 在此，生產體系做爲廣義的理解。雖然它的最主要指涉對象是與經濟有關的有形或無形的生產， 但是， 更可以廣義地包含與種種社會資源（如權力、財富、物質、訊息、地位……等等）之運用有關，而表現在人與人互動之中需要的生產。

的，也是涉及終極價值，絕對不只侷限於具政治或經濟技術意涵之手段性知識的傳授。具體地說，大學之所以有價值就在於：透過對象徵符號意義的創造、修飾、重組、批判、與宣揚，爲社會提供更多采多姿、更具前瞻性、更合理、也更能發揚人類之愛心的文化內容。從這個立場來看，大學的精神是朝向未來和批判，也是前瞻的。它最崇高的意義在於導引社會的發展，而不是被社會所牽引，屈服於其下。因此，大學是創造社會的理想，也把這些理想傳遞給其成員。讓這些理想能夠在社會裏透過種種機制充分地被實踐，而轉化成爲社會的現實。

在這兒，我們可以看出，在現代社會裏，大學面臨著「理想」與「現實」扞格的兩難情境。一方面，大學的任務是發揚人文的理想精神，這顯示大學具浪漫色彩之理想主義的風格，也是具有主動「引導」與「開創」社會之作用的一面。但是，另一方面，在社會實際結構的推動下，大學的結構與功能卻又處處顯得受制於生產體系的現實壓力。這是大學深具「工具」性格，也受牽制的「現實」面。這兩股力量在大學裏互相推動，帶來了矛盾，也製造了緊張。粗略地來區分，代表「理想」面的是與探討人與宇宙有關之基礎學問，如哲學、社會學、心理學、人類學、數學、物理、化學等等學科，而代表「現實」面的是實用的應用性學問如醫學、工程學、管理學、農業、或其他與實際應用有關的學科。這兩種學問正好反映大學發展史兩個明顯的面相。也正因爲如此，大學內「理想與現實」的緊張正好是「人文與科技」的緊張，同時也是「傳統與現代」的緊張。這正是 Snow (1962) 所說這兩種文化所顯現出來的矛盾與緊張現象。人文代表理想與傳統；科技則反映現實與現代。

人文與科技的對立是一個歷史的產物。何以是如此，牽涉甚多，也非筆者力所能逮，在此無法細論。我們要指出的是：歷史使此二者所具有之對立抗衡的潛在勢態具體表面化。其結果是在大學中製造了兩種旗幟鮮明的文化，彼此之間爭取領導權。另外，就大學與社會❸的結構關係而言，大學是提供集體文化象徵意義的制度化機制，而社會則把這些集體意識具體地表現在個體的日常生活世界裏。因此，理論上，大學掌握了一個社會之象徵系統的創造和形塑工作，它代表社會裏的一種以文化爲主題的領導權，足以與政治和經濟成爲三足鼎立的支配局面❹。這種情形，在尊重言論與學術自由的社會，尤其是明顯。這種雙重的領導權的競爭使得大學在社會中的地位更形重要了。

四. 大學內「文化領導權」的競爭

做爲一個社會中居文化領導地位的典型結構形式，大學之不同於其他文化體系中的次體系（如大衆傳播媒體）者，最爲重要的是：大學並不只是傳播已有的資訊，或對資訊做整理，而是有系統地創造新的象徵體系、和修飾、批判、累積既有的知識。締造系統的知識以來豐富日常生活具意義的文化，遂成爲大學最重要的任務之一。

倘若以上節所提，文化、政治、與經濟三足鼎立的格局來觀察，

❸ 此外所謂的「社會」泛指大學看成是一個獨立社會體以外之其他人際互動的組合體。其中，尤以政治、經濟、與傳播三個社會體爲最重要的指涉。這樣的兩分概念使用法很明顯地是用來突顯大學對其他社會體的意義，並不是說大學是獨立於社會而自存的。

❹ 其實，比較恰當的說法應當是「知識與資訊」（包含學院、各種自由作家、大衆傳播媒體、與學術研究等等）與政治和經濟成爲三足鼎立的局面。大學只是知識體系中一個最主要，而且在知識專精與權力分配階層中最高的一環而已。

政治（尤其在權者）仰賴知識份子（又以大學教授爲主）提供理論和詮釋，以來支持、正當化其權力。這對假民主，實行專權之政治在權者，尤其明顯。他們迫切需要大學教授（尤其，與政治有關的人文、社會學科的教授）來替政權從事圓謊的合理化工作。在威脅與利誘之下，我們常可看到大學成爲卵翼，扮演的是替政權粉飾的幫閒工作。

同樣的，經濟生產精英也需要仰仗學院內的專家（尤其是與科技與管理有關的學科）提供策略、方法、與技術，以提高生產和行銷的外控效率和效用。正因爲如此，經濟生產精英也與政治在權者一般，不免千方百計地企圖把大學納入其掌握之中，供其玩弄。只是，不同於政治在權者假合法性，用高壓與籠絡雙管齊下，經濟生產精英則誘以實利，以金錢（如提供研究經費、聘爲顧問等等）來挾持。這種情形在崇尙自由競爭之資本主義發達的工業社會特別明顯，大學往往成爲經濟生產體系的延伸，是個附屬品。總而言之，一旦政治與政治外衍力量大幅且有意地介入大學，則大學內原有「人文」與「科技」爲主導之兩元領導權的競爭，將更形複雜。尤其，當社會很明顯地缺乏支持與保證言論和學術自由的條件時，競爭情形更是複雜、也更形嚴重。而且，尤其一旦保障學術自由的條件無法具備時，競爭將可能淪爲只是意識形態的鬪爭。在此情形下，大學從事獨立思考與批判的精神自然無法發揮，開創文化的契機也會難以開展出來。

誠如上述的，資本主義所內涵之重利外控哲學，不但開展了大學之功利現實的實用技術主義，還讓工具理性擡頭，而且逐漸成爲強勢的文化內涵。無疑的，這將使得以發揚人文精神，強調思考終極價值問題之人文精神成爲弱勢文化。因此，儘管人文精神的開拓發揮可能是衆所共識，也以爲是應當重視的，然而，大學內部因勢利導形成的結構形式（如醫、工、農、管理等等與科技應用有關之功利導向科系一再膨脹），終會因資源分配的競爭，使人文精神的發展，因得不到足夠且應有的資源來支持，而無法順利進行。這是社會功利實用導向的風氣對大學之文化產生影響的必然結果。其結果是，人文與科技文化競爭之下，前者常常是挫敗。同時，因爲代表現代的文化，基本上是以強調求變求新之創新爲其終極價值，以持續與矜持爲特色的傳統文化，整體而言，自然經不起打擊的，而顯得疲軟無力。

其實，資本主義的生產哲學對大學之文化風格最具意義的影響，並不只是在於科技實用文化壓倒人文理想文化，而是科技實用文化所衍生出來的教育結果。當然，這是從傳統人文理想精神來反照的一種批判方式，有一定之意識形態上的執著。然而，不如此來進行，自然也就無法突顯大學的歷史意涵了。筆者在此無意規避這種帶特定意理色彩的批判方式，甚至認爲這是正當、而且具有倫理與美學上的意義，是值得一試的策略。

大學的科技文化所以能夠居優勢，乃建立在肯定專業教育的結構形式上。專精分工是爲達致有效生產的一種合理的歷史形式，其基本內涵是把人當成生產工具，而且把人的價值化約成專業工作的效益成就表現之上。這樣的教育的基本精神是把人「物化」當成工具，切割成爲整個大生產體系中的一個小部分。教育本身就明顯地缺乏「企圖朝向完整」的立意。它本質上就不是一種成就形塑「完人」的教育方式。因此，在這樣的文化意識形態支配之下，人格完整與否並不是大學教育所關心的。相反的，它在意的是能否提供足夠專業知識，以應付社會生產體系中自己所歸屬那部份的需要。這正是製造了 Ortega y. Gasset (1932) 所謂的「具有學習能力的無知者」。他們是具有學習能力，但是對其自身之專業知識以外的其他的知識是一概不知。

其實，這也正是許多人主張大學需要通識教育的關鍵所在[5]。從這個角度來看，通識教育卽是用以重振大學之人文理想精神傳統的一種策略。當然，它能不能達成這個使命，將是另外的問題。

讓我們回過頭來看看專權社會之政治又如何形塑大學的文化風格。在上文中，我們曾提及過，政權（尤其是名實分離表裏不一的政權）需要知識份子（尤其有聲望的知識份子）來幫腔，替他編織理論或論說以鞏固其正當性。大學敎授正是屬於有身份（或「名」之聲望）的知識份子，乃在權者不能不爭取的對象。基於這樣的意圖，在權者總是拉攏大學敎授，誘之以利與名，脅之以力。而且，也自有一些敎授們會靠攏，擔負起粉飾的工作。當然，政治與社會事務本就充滿意識形態與利益的糾結。單就意理認同的歸依，大學敎授的認知必然會分裂成不同陣營，更遑論有利益的糾結時，分裂更是無以避免。在諸如此的情況下，大學內文化風格的競爭已不只是人文與科技的對決，而卽使單在人文方面，就已具有再分裂的必然條件了。這種情形，尤其是在政權的宰制主導下，更加明顯。人文文化不但分裂，而且可能刻意被扭曲。當然，分裂可能只是表示矜持之理念不同。本質上，這還是屬理想精神之確認上的爭議，或學院內單純學派間的競爭。但是，刻意扭曲所表示的已不是單純的理念之爭，而是糾結了政治權力與利益的鬪爭，其動機是複雜、也是邪惡的。在此情況之下，分裂往往會矮化、也醜化了人文理想的內涵。這是人文理想遭受摧殘最爲致命的地方。

總地來說，在「人文與科技」相互競爭與政治干預的雙重壓力之下，大學之人文風格萎縮，自是可以預見，其所具之開創人文理想的

[5] 有關通識教育之討論，參看清華大學人文社會科學院（1987）。

傳統，自然也日益式微，甚至變成只是口號。如此一來，大學做爲社會中文化創造的領導者，其對社會的貢獻，只是對既有之政治經濟建制，提供更多的技術性服務，而不是以屹立不阿的姿態，從事批判與帶動扭轉時代的任務。大學內近似宗教神聖色彩的理性和感性風格於是逐漸被削弱，其所留下的只是一具看似「神聖」、其實十分庸俗的軀殼。

五. 對高等教育的展望——文化的觀點

雖然，經濟體系左右了高等教育的發展方向，但是，它卻無法完全奪取高等教育體制的文化領導權。生產與行銷所需之技術和知識終究還是仰賴學校來提供。再者，雖然政治（尤其是專權式的）具有直接挾持高等教育之文化風格的能力，但其所挾持的也未必能夠籠罩全局，更不可能完全取代。權力之正當性不能由掌權者自己來詮釋與賦予，它必需由其他具有信服力的人來賦予和詮釋。這個條件無形中多少保持了大學之文化領導權的機會，至少表面上必需是如此。因此，總地來看，大學領導文化，而以文化來做爲界定大學的基本屬性，可以說是有社會學上的意義，也是吻合社會的一般期望。

再者，假如從受教者之社會特質來看，則大學領導文化之功能和結構必然性就更加明確了。在前文中，我們提及，在整個建制教育中，無論就受教時間序列或受教者之年齡而言，大學均居位階中最高的位置。這個事實具有兩種意涵。首先，它的教育內容需要和社會生產與運作所需知識更爲貼近。也就是說，知識轉化成爲實際行動之迫切感更大。而且，其應社會實際所需的知識是屬較專精、高層次者。其所作育的人才是未來社會的精英。其次，這批精英是未來社會各行各業的的領導者，也是把大學內所傳授之主導文化轉化成各種社會力量的主要施用者。站在知識內容之精緻、複雜、與原創性之社會實際意義等角度來考察，大學所具之文化領導地位更加是可以肯定的。

在此，我們必需提醒一點的是，當我們說大學有文化領導權，這基本上是一種結構意涵的論述，而並不等於說大學實際有了領導權。大學是否眞的如實地掌握到文化領導權，還得參照社會中的其他條件。結構表明的只是一種在確認某種命題下的邏輯，它用於「大學」這麼一個建制時，其所指出的是大學所具有的內涵潛勢而已。當然，結構邏輯與其所依賴的預設可以變成一種「理性」的社會期望，它可由邏輯上之潛在必然地位，轉變成爲明顯的社會應然力量。這個力量往往成爲推動社會變遷的動力，而且使社會的變遷愈來愈表現出「合理性」——一種以某種預設爲前題的邏輯演繹與經驗歸納的實踐形式。科學知識就是具有這種特點的一種歷史形成，也正是今天大學所展現之文化風格的基本特質。科學方法與邏輯因而成爲現代大學教育用來形塑文化的基本思考模式。

除了科學之外，另外一條歷史主線就是「自由民主」。這是形塑大學之獨立自主精神（或具體地說，學術獨立）的龍骨，也是確保大學擁有文化領導權之結構上的預設前題。自由民主是保證大學有獨立自主性之正當性的條件，而科學理性則鋪陳大學所主導之文化的基本樣態與方向。然而，這些都未能眞正觸及大學教育的根本精神，也因而未能眞正扎到大學所主導之文化的精髓。那麼，什麼才是眞正的文化精髓呢？以人類文明所表現的歷史來看，這個根本精神應當是人文精神，一種追求人與人和人與自然之間具動態和諧感的精神。其實這不也正是中國文化傳統中所一再揭櫫的理想嗎？

和諧不等於平衡。用在人的世界裏，平衡是一種指向互動本身帶期望色彩的認知狀態，它並不對互動之兩造自身做任何更多的設定。期望不一定是現實本身，其實，也正因爲如此，否則就不稱之爲「期望」。因此之故，「平衡」只是一個不切實的「名」，是陳腔爛調的迷思。那麼，和諧所指爲何？和諧不只是一個客觀狀態。它是而且也必要是主觀認知和意志運作結合的感覺狀態。這乃意涵一種人與人之間彼此信任，很誠意地不時自省、對自己約制的互動狀態。因此，和諧是一種誠意，也是一種努力的表現狀態。換句話說，它是一種成就，必要經過訓練，也必要是由衷地「內化」的價值。持續地學習克制慾念，考慮其他人（包含同時人與後來人）的福祉正是誠意、也是努力應有的內容。這是中國傳統「天人合一」與「仁」概念的現代化身，是一種惜緣之關懷態度的表現。它必要以「知足」與「惜福」爲基礎。

無容諱言的，這兒所講的「和諧」精神，反映了一套特定的生命觀，也因此富有高度的意識形態色彩。我們所以指出來，並無意把它當成教條，而只是做爲對當前被科技工具化之大學教育的一種反思依據，也是替被物化（reification）之大學文化，尋找一條出路。這條出路可以、也應該接受批判與挑戰。它只不過是用來重振大學之人文理想的一條生機，還需要不斷地與既有的主流文化互相競爭。認眞來說，這樣允許百家齊放的格局，不正也是大學最可貴的精神之一嗎？

倘若大學有主流領導文化，或說「文化領導權」，那麼，無疑的，反主流與反霸權正是文化應有的基本內涵。這是十分奇妙、弔詭的文化理念。一個文化領導權的基本任務之一竟是反領導權，那豈不是自相矛盾。假若領導權乃意涵某一文化實質內容（如儒家思想、或馬克思主義）的絕對權威性，那麼，無疑地，上面的命題是自相矛盾。但是，假若領導權乃意指一種對文化的態度（也就是保障各種論說有自由發揮的空間），則上面的命題就沒有矛盾，頂多只出現有緊張 ——

來自論說彼此之間互相競爭的緊張。從這個立場出發，大學當成一個教育體制，其對文化之意涵是提供骨架「形構」，而不應指定血肉「內容」。更具體地說，它提供的，只是一個有利於形塑各種文化的客觀條件。假若大學有形塑文化內容的可能或必要，其所做的頂多是透過辯論，形成某個程度具共識性的倫理或美學上的基本預設、與思辯的態度。這也就是科學史家 Kuhn（1970）所說的「典範」的樹立。

這樣具反省、也是自我批判的精神是大學所「應」肯定的文化理念。這個文化理念無法容忍任何被權威化的知識形態與主張。順著這個路子來思考，已被科技工具理性所幾乎壟斷的大學教育是必須嚴加批判，也必須否定的。今天，大學所面對的問題是突破並超越窄化和物化的專業文化，因爲這樣的文化已經成爲「領導權」，宰制了大學的文化風格，也因此宰制了整個社會的文化體現。

突破並超越專業教育並不等於完全否定專業教育的必要性。考量當今社會與大學的結構關係，大學負擔起專業教育是不可避免的歷史潮流。然而，大學教育不等於專業教育。因此，突破這種偏狹之專業教育的認知窠臼，首要之務是重建專業教育的基本理念。關於這一點，個人以爲，大學所應當傳授的知識不應只是專業既定的「技術工具」性知識內容(如解剖學、熱力學等等)，而是具專業知識所衍生之社會與文化意涵的知識。畢竟人是活在人羣裏，追求的是受歷史與文化制約的生命意義。即使是醫生、工程師、與教授，都不可能、也不應避開「存在」的意義，而甘心成爲職業的奴隸。專業知識只是提供人存在價值的社會基礎，並不等於存在價值本身。因此，專業的教育不應是自閉於專業之自足自衍的知識體系，而是擴張到與之有關的外衍，尤其是規範性的知識的範疇。我們該問的不是單純的「實然」，而是有關「應然」的種種問題。

準此，專業知識只是大學教育的起點，但絕不是終點。說它是起點的意思是：專業知識的傳遞只是一個因勢制宜的權宜選擇點，它永遠都只是手段，而絕不可能是最終的目的，那麼，這個手段應當如何再明確地定位呢？

以人類既有的知識系統來看，統整的知識是一個烏托邦，可望不可及。科際整合的主張充其量只是一種奢望，不但現實上不可能，而且理論上也不可能❻。我們實在找不出有統整之知識的可能性，若有，也只是一個觀點或立足點所開展出去的知識系統。因此，以專業知識爲起點所開展的寬廣知識，其目的不是在於追尋統整的知識，而是透過這樣的努力，拓展受教育者的視野與胸襟。這樣的學習方式旨在讓學習者體味到「習而知不足」，以培養出謙沖與容忍異己的態度。一個人謙沖而且能夠容忍異己，自然有利於自省；自省有利於自我節制；自我節制有利於誠意與正心；誠意與正心有利於和諧。這正是大學之人文文化起碼應有的內涵，也是專業與通識可以而且應當並重的基礎。

假若如此的專業與通識並重的教育爲的不是追求統整的知識❼，那麼，爲的又是什麼？那就得從大學的人文精神來看了。從社會的角度來看，這樣的教育爲的，還不單純是培養個體的人格完整與胸襟的開展，而是竭力促使個體在從事與公衆有關之事務時，能夠有趨向「完美」的努力。這指的不是可客觀認定的「完美」，而是一種主觀體認且努力的倫理與美學上的「完美」。它不是完美本身，而是「朝向」完美。因此，一個完美的人是一個有能力，也有意願由一己所知與所能之中去開展更寬廣、更具關懷意思之認識、詮釋、與行動空間的

---

❻ 參看葉啓政（1987: 64）。

❼ 筆者已於其他地方討論過，在此不擬重述。參看註❻。

人。假如大學教育的目標正是如此的話，大學至少應當努力完成下列條件:

1. 提供更豐富多樣、更彈性、更有選擇性的文化內容與自由辯論的保障。
2. 提供多元思考和尋找自我定位的條件。
3. 提供認識、詮釋、欣賞、與使用既有文化展現成果之種種必備的能力和意願條件。
4. 提供創造與組合文化之契機的條件。
5. 提供培養關懷社會（尤其弱勢社羣）之愛心、意願、與意志的努力契機。

（原文刊登於　師大書苑公司印行《廿一世紀我國高等教育的發展趨勢：體制、功能與學校組織》，1990)

參 考 文 獻

金耀基

1983 《大學之理念》。臺北: 時報文化出版事業有限公司。

清華大學人文社會學院

1987 《大學通識教育: 研討會論文集》。新竹: 國立清華大學。

葉啓政

1987 <通識教育的內涵及其可能面臨的一些問題>。清華大學人文社會學院編, 《大學通識教育: 研討會論文集》。新竹: 國立清華大學, 46-69。

Bell, D.

1973 *The Coming of Post-industrial Society.* New York: Basic Books.

Ben-David, J. & K. A. Zloczower

1962 "Universities and academic systems in modern societies," *European Journal of Sociology*, 3: 45-81.

Flexner, A.

1968 *Universities: English, German, and American.* (1930) New York: Oxford University Press.

Jaspers, K.

1951 *Man in the Modern Age.* Garden City, N. Y.: Doubleday.

Kuhn, T.

1970 *The Structure of Scientific Revolutions.* The University of Chicago Press. (Second edition, Enlarged).

Newman, J. H.

1959 *The Ideas of a University.* (1852) Garden City, N.Y.: Doubleday.

Ortega y. Gasset, J.

1932 *The Revolt of the Masses.* New York, N. Y.: W. W. Norton & Co.

通識教育的內涵及其可能面臨的一些問題

在民國 68 年夏天召開之「國家建設會」的開幕典禮中，當時之行政院長孫運璿先生曾以開創精緻高超文化為政府往後施政努力的方向。此語一出，立刻廣得輿論的支持，討論的文章羣出，政府也因此開始談及文化問題。隨後，即有文化建設委員會的成立。一時，到處高唱文化建設，各縣市紛紛大蓋文化中心，舉辦各種藝文活動。

在文化建設的聲中，民國71年間，臺灣大學校長虞兆中先生有感大學教育的過份專業化，學生缺乏一般的通識能力，眼光過於偏窄，實有加以糾正的必要。為了彌補大學教育的這種偏失，「通識教育」的構思遂被提出。臺灣大學因此成立一個小組來研究、討論「通識教育」的推行問題，並於民國72年，首先以試驗方式推出「社會科學概論」、「自然科學概論」、與「藝術欣賞」等等課程。

臺灣大學此一舉動，立刻引起知識界廣泛的回響，幾年下來，通識教育不時成為報章雜誌討論的主題。教育部也隨起呼應，不但於民國73年間成立人文社會科學指導委員會，更把通識教育正式列為大學教育的發展目標，要求各校開授有關課程，並且規定學生必修的最低學分。

此一連串的舉動說明著，在我們的社會裏，有識之士（包含政府官員）已注意到，追求富裕並不是社會發展的惟一最終目標。於追求更高度經濟成長和更高國民所得之餘，如何提高一般國民的文化水準，使得人人氣宇軒昂，溫文儒雅，通達事理，文質彬彬，應當是往後發展的另一境界。因此，建設「富而好禮」的「書香」社會遂成爲官方與輿論高唱的口號。

就大學教育而言，推行通識教育則被視爲是提升文化水準的重要環節。審諸接受大學教育者乃未來人口的中堅，也是領導社會建設的主幹，於大學中推行通識教育以提升文化水準，實是正確的方向。教育當局能夠有此認識，而且立刻付諸實施，是值得喝采的。惟，綜觀過去幾年來對通識教育所提出的實施方案，很明顯地是有了偏差。譬如，臺灣大學之教務當局即通令各學系開出「通識教育課程」，竟有把諸如「寵物保健」之流的課程充當通識教育課程之舉產生。這對大學當局認識「通識」的水準實是一大諷刺，充分地顯示學校當局本身對「通識」教育的內涵缺乏認識。顯而易見的，連教育者本身都不清楚通識教育爲何，又如何可能要求我們的大學生具有通識能力，更怎麼可能提出一份理想的通識教育內容來呢？基於這樣的現實條件，在推行通識教育之前，我們實有必要首先澄清「通識教育」的基本內涵，並且把一些可能面臨的基本問題提出來檢討。這正是本文所要討論的重點所在。

一. 大學教育之基本內涵的變遷

根據金耀基（1983: 3-4）引述 Rashded（1936）的研究，英文「大學」(university) 一詞原無確指，與社區 (community)、學院 (college) 二字通用。之後，此一詞成爲一種特殊基爾特(guild)的稱謂。與英文 university 一字最接近的中古稱謂是 studium generale，乃指「一個接納來自世界各地的學生的地方」，而中古時代 universitas 一字則指一羣老師宿儒（masters）或一羣學生細分成的學術性基爾特。直到十五世紀，studium generale 與 universitas 二字才變成同義，而成爲英文之 university 的前身。

事實上，很明顯地，旣然大學是一種人爲組成的制度，其內涵自然隨著時空轉移、社會條件的改變、和人們有著不同的意指，而有了不同。然而，整體來看，不管其內涵因時空轉移做了怎樣的修正，也儘管在現代有些社會（如美國）的大學教育趨向平民化，有機會接受的人口日增，但有機會接受大學教育的，終究只是整個人口中的一部份。更重要的是，此一部份的人口，無論人數有多少，可以說是代表社會中的優異份子，他們在社會流動階梯中，往往有著較有利的向上流動機會。大學旣然是一個培養人才的機構，而且截至目前一直還是整個教育體系中最高層級的一環，其教育自然就以給予並創造優異份子有利向上流動的機會爲主，其內容也因此隨著時代的需要和價值取向的轉變而有修正。換句話說，在一個時代裏，定義優異份子的社會屬性爲何，大學教育的內容取向卽以培養獲得或強化此等屬性爲主的。

在俗世裏，優異份子乃指在權力、財富、地位與知識等社會資源上掌握有較多機會的人❶。固然掌握有這些社會資源的人，未必一定卽是充分掌握具有足以轉化此等社會資源的知識人，再者，決定一個人掌握此等社會資源的條件，除了知識之外，尚有其他的因素，但是，學校旣然是提供人們有利於生存與向上流動之機會，也是灌輸社會共識價值、理念、與信仰的正式場所，因此，在形式上，學校教育

---

❶ 參看 Mills (1959)、Bottomore (1964)。

的內容應與是否有效掌握社會流動條件之間具一定的正向相關。這是一個制度之正當性所以形成，且產生作用之所在。準此，學校教育的知識內容形式上提供並界定了學習者掌握向上流動之社會資源。這是學校教育所具的實用面，是任何時代任何社會中都看得見的。

從教育制度的實用角度來看，無疑地，大學教育的內涵乃與形構政治權力與地位的形式條件，也與社會的生產方式，有著密切的關係，而其關係則靠著具轉化正當性能力之知識的取得來建立。理論上，一個人具有愈多、愈有利於轉化成共同認可之權力、財富、與地位之知識（或更恰確地說、社會屬性），則其獲取得到此等社會資源的機會也就愈大。基於這個社會理想律，大學教育與政治—經濟之優勢結構的型態有著必然的關聯。一方面，如上述的，大學教育提供受教育者在政治與經濟階層中更有利獲取較高位置的機會，也藉此保證政治與經濟優勢階層的有效運作；另一方面，大學教育也因此以培育受教育者具備由此優勢階層所界定的生活方式與文化欣賞品味，以確保此一階層所自認的優越社會屬性，這是大學教育所具的文化意義。一般所謂的「精緻文化」事實上即由此衍生出來，它反映的是優勢階層之意識形態衍生的文化品味❷。

在希臘和羅馬時代已有大學雛型的設置，且其時的教育已有特色，對象乃以「自由人」爲主，其教育的內容主要包含二部份，一是由文法、邏輯、與修辭組成的三學科（trivium），另一是包括算術、幾何、天文、與音樂的四學科(quadrivium)(Brubacher, 1982:74-

❷ 關於大學教育的此一文化內涵，在近代崇尙自由與平等的風氣影響下，已逐漸有軟化的趨勢。尤其，在大衆傳播媒體迅速發展，而且商品化所形成之大衆文化，以及大學教育受生產科技分化的制約雙重壓力下，大學此一文化內涵更是動搖。此一問題將於下文中再加討論，在此先按下不表。

76）。在此，我們不擬細論何以選擇此七學科，而不選其他的，但有一點是明顯的，那是：在當時要求賦予優異份子的教育內容，是今日所謂的「博雅」教育（liberal education）❸。liberal 乃衍自拉丁文 liber，其意爲「自由」（free）。此一自由，乃與近幾世紀之「自由主義」(liberalism）所謂之「自由」有不同的涵義，其意乃指涉一個人在政治和經濟地位上的狀態。如上述的，所謂「博雅」教育只施及於「自由人」，而不包含奴隸與工匠。事實上，在當時的社會，也只有自由市民才得有機會不必爲生計而煩惱，專心致力於管理衆人的政治與市民生活（civic life）（Brubacher，1982:76）。他們也因此才發展出一套 Veblen（1899）所指出有閒階級才具有的文化風格與生活方式。對這一少數具政治統治權之優異份子，用來界定他們之階層與地位的文化內容，不是一套有利於生產的技術或知識，而是「文質彬彬」的舉止，典雅的語言，對音樂、藝術的鑑賞，與文字的運用能力。在希臘，由於雅典人慣於從事邏輯分析的思考方式，長期以往，代表分析理性的邏輯、算術、與幾何自然成爲統治階層必備的文化素養，也因此成爲教育中不可或缺的一部份了。

顯然地，在生產技術尙未充分發展，社會分工還是相當粗糙的情況下，政治上的統治關係也就明顯地駕凌經濟關係，成爲決定教育內容的主要社會條件。這種源於政治優勢條件而發展出來的博雅教育遂成爲西方大學教育之基本內涵，一直持續到十九世紀。雖然從十三世紀以來，基督教會勢力逐漸擴大，基督宗教的意理滲透到歐洲社會的各個層面，大學與宗教密不可分，神學成爲大學教育的一環，但是，希臘羅馬時代遺留下來的博雅教育形式，基本上卻是並沒有改變的。

---

❸ 此一譯語衍用自金耀基（1983）。

其所以如此，顯而易見地乃因整個經濟生產結構並沒有明顯改變，政治統治型態也未有明顯劇烈變動的緣故。大學教育和博雅教育有所分離還是十九世紀，尤其是二十世紀以後的事(Parsons, 1977) 。

歐洲自十八世紀以來，有兩個大事件發生，一是法國革命，另一是發生於英格蘭的工業革命。這兩個事件改變了歐洲的社會結構，也促發了思想上的改變（ Nisbet, 1966; Polanyi, 1944; Hawthorn, 1976) 。工業革命改變了生產方式，也帶動了整個經濟產業結構的改變。這段歷史幾乎已是大家熟知的，實無庸在此多加贅言。我們要指出的是其對大學教育的影響。

在資本主義的經濟生產型態下，機器生產代表合理的生產發展方向。為了以最有效率的方法來達成最有效用的生產和行銷以牟最大的利，如何有效地使用原料、工具、勞工、方法，自然就成為整個生產過程最主要的考慮。於是乎，工具理性的驅使使得科學與技術產生了史無前例的結合 (Nisbet, 1976) ，它改變了生產工具的社會本質，並且以「數量」來替代了「品質」，根本地改變了生產結構，以及社會關係❹。隨著整個生產結構的大幅變化，職業分化更趨明顯。而且新科技帶來更多的新職業，也因此要求更多的技術訓練和知識累積，否則無以應付實際的需要。這樣的知識分化並不祇侷限於與經濟生產有關的自然、工程、或醫農管理等應用科學，而且擴延到有關人、社會和文化的知識。一切的知識幾乎均冠上「科學」，而希望自立門戶，以在知識領域占有獨立的一席。如 Wundt 界定心理學，Comte 首

❹ Wuthnow (1980) 研究十七世紀歐洲的科學發展卽指出，早在工業革命發生之前，歐洲之世界經濟體系的政治分權化 (decentralization) 乃促使十七世紀歐洲科學迅速發展的基本動力。工業革命以後，科學知識更受重視，事實上只是把以前之科學發展具體強化的延續。

創社會學，而 Durkheim 為社會學確立界域，以別於心理學與其他學問，都是明例。

總之，工業革命對西方社會所帶來的衝擊是巨大的。它不但動搖原有分化粗糙、技術落後的生產方式，大幅度地改變了生產技術，而且也終於動搖了大學教育的理念。雖然直到今天，不少學者仍然矜持十九世紀英國牛津大學學者 Newman (1959〔1852〕) 的觀點，以為大學是提供博雅教育，培育具卓越智慧之人才的場所，但是，終究還是抵擋不住時代需要的潮流，為了順應社會與經濟結構的改變，大學成為提供分化之專業知識的地方。

首先，在十九世紀末葉，在 Von Humboldt 與 Althoff 等人的倡導下，柏林大學首先進行改制，擺脫中古的學術傳統，標榜大學的新理念，以大學為「研究中心」，教師的首要任務是自由地從事創造知識。這一理念為 Flexner (1986) 所闡揚。他在其著《大學》一書中，強調現代大學不同於 Newman 式的大學，「研究」與發展知識與教學並重，同為大學之重要任務（以上引自金耀基，1983: 5-6)。自此，大學教育的內涵已注入新的理念，明顯地把日益膨脹之科技知識的研究承擔下來。(Ben-David & Zloczower, 1962) Bell (1973) 卽指出，相關科學與技術的「理論知識」(theoretical knowledge) 的膨脹和制度化乃後工業社會的重要特性，而此一制度化卽落實在大學之中。(Parsons, 1977)前加州大學校長 Kerr (1963) 於其著《大學的運用》(*The Uses of the University*) 中卽指出，當代美國大學已不再侷限於德國式之「研究」與英國式之「教學」的模式，而發展出獨特的風格。為了順應社會求新求變的市場需要，大學已與整個社會與經濟結構發展結合在一起，大學成為社會的服務站，知識之專精化與分科別系成為不可否定、也難以抗拒的趨勢。哲學家 Whitehead (1929: 9) 尙且指出，在教育體制中，排除了專精，則摧毁了生命。他甚至以爲通識教育的構思乃「所有曾引介進教育理論中一個最致命、錯誤、和危險的概念」。

二. 專精與通識的兩難——「傳統」與「現代」的平衡努力

儘管現代大學走向專精乃是順應時代變遷不可抗拒的潮流，但是強調「博雅」的教育傳統卻一直繼續被矜持著。在今天的大學教育體制中，專精與通識存在著緊張，教育者始終爲了在代表古典傳統的博雅理想與代表現代的專精現實之間尋找平衡點而大感傷神。1978 年由哈佛大學文理學院院長 Rosovsky 及其同僚所提出之「核心課程報告」，基本上，卽是爲了尋找此一平衡點所做的探索努力。

何以經過幾個世紀的轉變，大學教育已順應時代潮流，明顯地走上專精分工的路途之餘，人們還會矜持通識教育的理念呢？分析起來，其可能的原因不外有下面四個：第一、儘管因民主政治的進行和生產經濟結構的改變，在現代社會中，掌握權力與財富（因此「地位」）的管道與往昔不同而更趨開放，但是界定「身份」的基本文化內涵卻是與傳統社會沒有太大的不同。做爲社會中的優異份子，其身份的確立還是靠維持傳統內涵的文化品味與生活方式來完成。說得更平白些，做爲一個優異份子，俗世所要求的，除了學有專精以外，還是溫文儒雅、文質彬彬、通達事體，並且對精緻文化有鑑賞能力，而且也以消費精緻文化來做爲生活方式。就中國傳統儒家的要求，就是精通禮、樂、射、御、書、數等六藝。因此，儘管形塑優異份子的外在社會條件已改變，但是，對優異份子的文化內涵要求，卻一直是保持古典傳統的要求。這充滿著濃郁懷古情結的浪漫訴求，也反映出「博雅」之古典意義，在人們心目中恒久彌堅的地位。

第二、法國革命所強調之平等與自由的政治主張，除了在政治上締造了一個嶄新的格局，也以一種特定的社會形式，在其他的生活領域中展現。表現在教育理念上，首先見到的是人人有受教育的相同機會。以前專屬某些特階層的教育機會，如今以某種方式開放給一般大衆。然而，平等表現的是在教育機會上，卻不是使不同之文化展現形式與品味的位階得到翻身，而使雅俗之間的不等關係有重新界定的機會。換句話說，時至今天，人們還是深信文化的品味是有高低、雅俗之分。所謂教育的平等化事實上卽是，使所有自由人都有機會接受博雅教育，而不是專屬某一特權階層。（Hutchins, 1972: 47）在此「教育機會公開而平等」的理念下，優異份子的古典文化內涵因此得以而且有意地保持下來。事實上，惟有如此，才能彰顯教育機會公開與平等的政治與文化意義；亦卽，讓現代人有機會接受到傳統貴族才有之博雅教育，乃展現和體味到民主政治之可貴的要件，這是公平的最好證明。

第三、撇開上述源於對古典傳統理念的緬懷情結作用不談，力圖於強化專精教育之餘，提供大學生具通識能力的條件尙有功利之工具理性的意義。這是現代通識教育之內涵與古典博雅教育內涵有所不同的可能分離點，也是當前推動通識教育面臨的問題之一。關於後者這個問題，我們留在下節之中再討論。在此，我們僅就此一功利之工具理性考慮來略加發揮。

誠如前面已提到，在大學傳授專精知識，基本上是因應科學技術在人類社會的重要性而來。爲了使得人類愈有能力來控制外在環境，以確保所謂「更幸福、更豐富、更進步、更文明的生活」，在外控的社會價值觀的支使下，要求優異份子具備專業知識是相當順理成章的社會期望。但是，遺憾的是，專精知識絕大多數是指向技術層面，而不牽涉到人文意義的探討。這類知識講究的是如何從舊有知識之中有突破的創新。這種求新求變的普遍心態，一則是基於人類對知識本身的好奇心理，二則是順應外控哲學力求更有效控制的意識形態。不管其心態爲何，強調技術知識的精進本質上是把對象當成「客觀之物件」來看待，即使對象是有血有肉的人，也是如此。因此，它本質上是一種知識對象的「物化」。但是，知識用到盡頭來，其最終總會還原到人的身上來，也會涉及價值意義的問題。譬如，一個專攻電機工程的專家，在其所從事的專業生涯中，容或一開始，當他擔任工程師的生涯初期所負責處理的對象只是機器，但是，在其漫長的職業生涯中，隨著職位的遷昇，他所可能處理的，往往並不只是機器，而是負責組織的運作。例如，他當上總工程師，所必須處理的，將已不只是純技術層面的問題，而是牽涉到其屬下工程師及其輔佐人員的人事問題，也牽涉到其所負責之技術工程對社區，乃至於社會的影響的問題。這些問題基本上是有關人際關係和超越技術自身的社會意義與存在意義的問題。因此，面對這樣具多元面的職業生涯，在教育過程中，其所需要的知識不應只是侷限在專業的技術知識，而是人文的知識，乃至是倫理道德與生命哲學的知識。職是之故，縱然我們接受功利工具理性的價值，此時，一個專家所需要的，應當是對其所存在環境及文化傳承的通識知識了。這是通識教育的功利意義，它很明顯地已超乎上述古典博雅教育的浪漫性格，而成爲現代通識教育理念中不可忽視的現實功利基礎了。誠如 Dewey (1944) 早已指出的，博雅教育的觀念乃形成於前科技時代。其時，經商與工藝主要依賴經驗的拇指法則來運作。自從科學革命以來，許多相同的法則賦予以理論成份，而在知識層面上給予以相當尊重的地位。因此，「在民主社會中確保文理學院（liberal arts college）的應有功能的問題，乃在於如何使技術性的課題具備了人文的取向」(Dewey, 1944: 394)。

第四、即使我們堅信，爲了適應時代變遷的需要，大學教育應以傳授專業知識爲主，我們尚可進一步問：到底應當給予多少專業課程，即足夠滿足踏入社會後的專業需要？以今天臺灣的大學情況來看，我們的大學教授頗多具專業本位主義，以爲給學生愈多專業科目來修習，則學生的專業素養會愈好。撇開有些教授乃基於把持授課機會的不良動機不談，這種論調乍看之下似乎蠻有道理的。但是，審諸現實的條件，卻又頗令人置疑，其理由有二：其一、以功利的教育經濟觀點來看，社會中需要大學程度之職位所需的專業知識是否與大學所提供的對稱？我們發現，大學內的專業教育往往過於理論化，而且過多。因此，其訓練不但與社會實際需要脫節，而且過度（江烱聰，1980）。學院內的知識過分保持其學術傳統的內在自衍性，恐怕是導致此一訓練與社會實用之間有差距的主因之一。其二、學院內的專業課程分割過份瑣細，其中不乏重覆疊合之處，學生修習時，頗多是浪費時間。基於以上兩個理由，我們有充分理由相信，大學中之專業課程實有重新調整並且減少的必要。倘若加以適當的縮減，實在有足夠的空檔可用來從事通識教育。至少在時間之分配上，專業教育與通識教育可以達成某種程度的平衡。這種具一箭雙鵰的可能，實在是往後大學課程修改應當努力的方向。

總地來說，無論是因對古典博雅教育的緬懷情結所致，或是因爲專精技術教育所衍生的功利考慮，在以傳授專業知識爲主的大學教育中，引進通識的知識實有其必要。因此，當前有關通識教育的問題，已不僅祇是有關大學教育的基本理念問題，而是提供怎樣的通識課程與有關現有知識之本質的問題了。這是下節討論的重點。

三. 構思通識課程所可能遭遇的一些問題

構思通識教育的課程，首先可能遭遇的問題，應該可以說是其目的宗旨為何了。通識教育是不是即是博雅教育？這是一個首先必須釐清的問題。在前文中，我們似乎有意或無意地把通識教育與博雅教育當成一回事來看待。論眞說來，這是相當値得斟酌的。我們所以如此做，並不是認為二者可以完全等同，而是基於在未舖陳解析背景之前，為了避免引起更多的問題，一時權宜之下，暫時把二者等同來看，先來個「存而不論」。再者，事實上，就大學教育的發展史來看，基本理念上二者之間是有著延續性，也是相關的，因此一向也就把二者視為一體看待（Aiken, 1971; Brubacher, 1982)。然而，行文至此，我們是有必要把二者之間糾結的問題加以釐清。

金耀基（1983: 61）以為博雅教育與通識教育之不同在於其目的。前者是相對於職業或實用教育而言，其目的在培養「統一的人格」；而後者是相對於專業教育而言，其目的在達到「統一的知識」。金氏更進一步指出，二者之內涵及「統一」之精神是有相通之處的。金氏這段話是點出了博雅與通識教育的不同，但對其內涵及「統一」精神的相通處卻語焉不詳，未加釐清。兩者概念上的糾結膠著即在於此一內涵的相通，而不在於金氏所謂的不同。換句話說，金氏所提出之目的的不同，其實只是通識與博雅教育在大學教育發展史中不同時間階段對同一理念的不同表現。此一不同因此並不是用來釐清二者最適當的討論起點，反而是其內涵的時代意義才是應當著眼的地方。

劍橋大學教授 Backer（引自商務印書館著， 1971: 5）曾謂:

「大學要達至它的鵠的，不僅在發展智慧，也在於從師生聚處的羣體生活中自發的諸般活動，養成道德的骨幹。『範成品性』(forming the character) 像『發展智慧』一樣，貫徹著我們從小學以至大學的教育。」金耀基 (1983: 11) 亦指出：「……，(但) 大學教育畢竟不應只是訓練一技一能之士。一個大學生應該對人類知識文化有相當程度的了解，對自己民族的學術文化有一基本欣賞的把握，同時，他應當養成一種獨立思考、判斷的能力；一種對眞理、對善、對美等價值之執著的心態。」Dewey 亦謂：「每個人現在最大的需要是思想的能力、觀察問題、使事實與它們發生關係的能力、應用與享受觀念的能力。假若青年男女一出學校即具有這種能力，一切其他的事情都可以及時增加，他們將在智慧方面而且道德方面發現自己。」(曾紀元譯，1978: 83) 從這些文字，我們可以很淸楚地看出，在許多有識之士的心目中，大學教育的核心共同理念乃在於肯定教育對受教育者的「完整」意義，而此一理念乃建立在一個假設，以爲人的存在意義是整體的，它應當包含生命中可能觸及的各個層面——家庭、朋友、職業、婚姻、國家、文化等等。因此，不論是博雅或通識教育都是把教育當成受教者具有統攝功能來看待，其最終目的乃是透過知識的傳遞與身教的薰陶來形塑學生的人格與文化品味，使他們對自己與其所處之環境 (包含自然與社會兩方面) 有一完整一貫的認識。

倘若以上的論述可以接受的話，「統一」人格的完成乃有賴「統一」知識來形塑。兩者之間，就形塑程序而言，有著密不可分的關聯。然而，話說回來，金氏以「人格」與「知識」來區分博雅與通識教育並非完全不具意義，相反地，它在整個教育理念變遷上具有重大意義，只是金氏沒有具體而微地明指出來而已。就教育理念發展而言，博雅與通識教育之間相爲承繼延續，但此一延續，卻因所處時代之不同而又顯出差異來。這也是有些學者把二者當成一，而另外一些學者卻以爲有所不同之關鍵。

如上述，傳統的博雅教育乃是政治、經濟結構單純，且知識未充分開發的狀況下，優異份子接受文化薰陶的特有權利。在希臘羅馬著重邏輯與分析思考的認知習性影響下，博雅教育之推行的基本支柱是理性哲學，尤其至十七世紀以後更是明顯，把這種精神反映到教育上最明顯的是，十九世紀牛津大學之 Newman 樞機主教在其名著《大學的理念》（*The Idea of a University*）一書（〔1852〕, 1959: 145）中所說的:「這確實是非常睿智的說法，而正是我在此所說的，博雅教育就其本身來看，乃只是知性本身的培養，而其目的亦只不過是成就睿智（intellectual excellence）」。於是,培育智慧亦卽「對事採取觀點」(take a view of things)（Newmam, 1959: 138)。Newman 此一用辭乃企圖表達希臘 θεωρεω，亦卽英文 theory 與 theater 之來源（Brubaccher, 1982: 76)。理性的行動於是乎意指理論地思考，此乃「對事採取觀點」的內涵。此一理念延伸下來，卽以爲博雅教育乃藉種種有利之知識（如邏輯、修辭、數學等）來培育人的理性（Horn, 1955)。Anderson（1954: 400）因此主張理性生活乃是一個人會看、會掌握、會思考。

理性哲學指導下的博雅教育是企圖把一個人形塑成爲一個具理性人格的君子，這在政治與經濟機會尙未完全開放的社會中，向是少數優異份子的專屬。英國牛津與劍橋大學的教育卽一直秉持這種理念。但是，到了二十世紀，科學大幅介入生產過程，經濟結構大爲改變，民主政治廣泛流行，傳統以培養文質優雅之理性人的理性教育觀已無法與時代的脈動相配合，在 Dewey 之實用主義影響下，美國教育學者採取實用的角度來看待博雅教育，而遂有通識教育之稱。如 T.

B. Macaulay，以爲教育不在形塑完人，而是使人們更舒服（引自Moberley, 1949: 44)。Hook（1963）更大膽地質問，爲何把知性單獨特別挑出做爲博雅教育的基石？他們以爲，在今天知識爆炸，而且社會中各種力量錯綜複雜之交會作用下，人的行爲已非傳統社會那麼單純。面對這麼複雜的社會壓力，教育者有義務提供的不是奢侈的有閒理性人，而是有利於有效處理日常事務，掌握時代脈動的實用人。所以，通識教育的目的主要地是，提供具有使人可以統攝瞭解自我與環境的能力。此一「統一」的要求，已非古典博雅教育強調身份意義之文質彬彬、溫文儒雅的浪漫要求，而是通達事體、以應付多變環境的適應發展能力。很明顯的，這樣的通識教育理念是「外控」哲學下的一種實用工具理性的變形說法。無怪乎，Aiken（1971）認爲時下之博雅／通識教育太過理性化，忽略了學生之情感與道德發展，更罔談文化素養的作育了。

現在，讓我們回到金耀基所提以「統一人格」與「統一知識」來區分博雅與通識教育的見解上。從上述的西方教育理念發展簡史來看，這樣的區分很明顯地是具歷史性的「事實」意義，尤其是反映美國式之教育觀的發展趨勢。今天，我們在臺灣提倡通識教育是不是應當順著美國人走，以爲通識的目標主要是知識的統整，爲的只是讓受教育者具備應付複雜多變的環境，以爭取最有利，也是最有效的主控權？還是，通識教育應當更進一步地涵蘊有古典博雅教育的理想，乃是追求自我人格形塑更趨完整，同時培養學生具有鑑賞各種文化作品的能力，以求在眞、善、美上有更高的成就境界？依照中國「人文化成」的傳統觀念，無庸置疑的，通識教育的目的不應只是美式實用主義支配下的知識統一，而是開拓學生在眞、善、美上形塑高超之人格化成的契機。Brubacher(1982: 88-89)即指明通識教育從博雅教育跨出所具有的新意義。他說:「通識教育可以賦予博雅教育新的意義，它乃使人從本能行爲與日常生活範疇加在身上的地域主義 (provincialism) 中解救出來。……隨著組織生活中日益增多的休閒盈餘，人們面臨如何有價値地投資運用這些盈餘時間的問題。正如 Aristotie 與 Newman 都指出的，一個最愉快地使用休閒方式是追求較高等的文化學習本身。我們不需要只因爲今天我們嘗試把通識與職業 (vocational) 教育併擁在一齊而放棄此一『爲學習而學習』的崇高理想。如此二者可以安排使互相緊抱在一起，我們可能發現二者對此一理想都有貢獻。」Brubacher (1982: 89) 復強調，面對今天複雜多元的社會價值，道德教育是通識教育的重要一環，此一教育不但包含知識層面，也應當包含情緒內容，以及身教的層面，因此，通識教育應當涵蓋古典博雅教育的精神。當然，這樣的人文化成應當採取怎樣的哲學爲基礎，這是進一步的問題。這個問題大得很，已超乎筆者能力所及，在此談不得。

哲學基礎導引了通識教育發展的方向，這是很自然的事。但是，縱然我們同意有一合理的哲學基礎，也對通識教育的內涵有了共識，尙還有一個問題値得特別加以注意，拿出來討論。這個問題是有關通識課程內容的範圍與其知識特質。

當 1978 年哈佛大學推出「核心課程報告」以後，期許與讚美之聲很多,但批評的亦不少。誠如金耀基 (1983: 55) 所指出的,「事實上，哈佛這個報告根本上否定可以有一對人人皆可適用的核心課程；譬如它根本不認爲可以有一套任何一個『知識人』都必須熟讀的經典。」很明顯的，以哈佛大學核心課程的意義來看，基本上是爲了彌補 Snow (1959) 在英國劍橋大學所提二個文化中言及「人文文化」與「科學文化」分裂隔離的現象。人文與科學是否能夠交融，是重要的問題，我們姑且不去論它，在此，重要的是：沒有一個人可以提供一套普遍可以接納的課程。對中國人來說，更因有著長遠文化傳統而有了另外的困惱：如何把本土文化與知識納入通識的課程？這自是另外一個問題。

通識課程的設計最爲根本的問題是：我們將提供給學生怎樣的知識「觀點」？知識社會學告訴我們知識並非完全的客觀、中立。任何知識，尤其是有關人、社會，與文化的知識都是建立在帶價值、或觀點的預設上（Mannheim, 1982）。我們如何選擇一個「合理」的觀點來舖陳通識課程，以做爲指導學生從事判斷事物與人格培養的依據，在這價值多元混亂的時代，的確不是一件簡單的事。因此，如何尋找一條「觀點」線索來串聯不同知識，以提供學生用來檢視自我與其所生存之時代、社會、與文化，就成爲通識教育不能不考慮與研究的課題了。

誠如牟宗三(1986)所指出的：「我認爲通識不是叫一個人懂得許多，自然科懂一點，人文科也懂一點，美術音樂都懂一點。要知道一個人不是萬能，沒有一個人可以懂一切，若眞有人無所不懂，那這一個人也不見得有什麼可取，做一個有腳書櫥百科全書不見得有什麼好處。……所以想用『多修幾門課，多知道一些知識』的觀念套在學校教育中去實施所謂的『人文教育』，在觀念上就令人迷惑，實施起來更有問題。」這段話很淸楚地把通識教育的基本精神勾勒了出來。通識教育不是把多一些有關「人文」與「科學」的課程拿來併讀，而主要的是如何培育學生的洞識、分析、與貫串能力，也藉此薰陶學生，培養高尙人格、氣質、和欣賞品味。若以此高標準來看，當今有此能力或素養而能擔起教育工作者可能不會太多，在此情況下，通識教育的理想就不免要打折扣了。

再者，以當前西方的知識體系來看，學術專精分化與科學化是兩個最明顯的特色，無疑的這與工業革命帶來經濟產業結構的改變有密切的關聯。說來，正是此二特點，對通識教育的推行有著相當程度的威脅。

長期以來，學術（知識）的專精分化早已使得不同學門，乃至同學門不同專業領域之間有著「隔行如隔山」無法溝通的現象。如此的專精分工細緻化，一方面與知識功利實用化，配合生產結構而發展有關，另一方面也因知識從業人口增加而變成可能。經過一世紀的發展，這已成爲當前知識體系中顯著的表象。無疑的，功利實用主義氣息瀰漫下，專精分工愈細緻愈容易彰顯其間不同之處，也愈容易看出其所具意義的差異，其共同點及可融通之處卻反而容易被忽略掉。其結果是，學問愈來愈偏窄，愈來愈專精，共同根源的地方反而因此被淹沒，根本難以彰顯出來。在此情形下，學門之間所發展出來不同的風格，乃至觀點立場就日漸突顯，使得彼此之間的融通有著實際上的困難。正因爲如此，這十幾、二十年來學者們提出「科際整合」的觀念，企圖把不同的學科整合起來，努力的結果，似乎效果不彰，其結果充其量只是，讓不同學門的學者多點互相知悉（但往往不是瞭解，而且也不可能瞭解）彼此之間的看法，而把這些看法尙保留原味地拼湊在一起❺。簡單來說，其最根本的癥結在於上述之「觀點」與「立場」上的未能一致。不同學門發展出不同之觀點、立場、與風格，要求彼此之間融通，並不是一件相當容易的事。在此情形下，要求具統整意思的通識教育又如何從分殊不同知識中找到融通交會之處，自然

---

❺ 「科際整合」的問題相當複雜，乃牽涉到人性與社會本質等的假設上的問題，也牽涉到知識之社會本質的問題，在此無法詳加說明，讀者可參考吳泉源（1986）。

就成爲值得仔細探索的問題了[6]。

當然,因長期專業分化而帶來學問上的分裂隔離,並不意味不同知識學問之間完全沒有互相融通的可能,也不等於否定它們之間沒有共同的哲學傳統。事實上,情形正相反,經過幾個世紀的折衝與發展,西方的知識體系爲科學論所壟斷,樣樣學問都必須冠以「科學」,才顯得有價值,也才能夠確立地位。科學方法,尤其是實證主義的科學方法成爲建構知識,也是判定眞僞的至上標準。這樣以自然科學爲主幹而建立的認知模式也成爲研究人、社會、與文化的指導架構。在這兒,我們不準備細論這種科學的認知態度對人與社會的瞭解是否確當,我們所要指出的是,知識「科學化」的特性,以及它對通識教育的影響。

科學是一種對世界的認知方式與態度,其所可能內涵的意思絕非單純,也非完全一致。但是,大體來說,現行實證主義爲主的科學強調的是透過人的感官,以某種概念爲範疇,對經驗世界從事觀察、分析比較、演繹、與綜合的活動。在此一系列的複雜活動中,「意義」在絕大部份場合中並不是其所考慮的重點,因此科學往往被冠以客觀中立。在這樣的科學「意識形態」下,知識的建構一直停留在 Habermas(1971)所謂的「經驗分析的科學」(empirical-analytical science)或「詮釋歷史的科學」(hermeneutic-historical science),而難以臻至具解放旨趣(emancipatory interest)的批判科學(critical science),更罔論超越「科學」的立場而自建更具寬廣深邃的瞭解觀點。基於這樣的發展特點,科學知識的「技術性」

---

[6] 就社會學科來說,Weber(1949)所提出「理想型」(ideal type)的方法論可以說是西方學問分殊化後不得已的一種認識主張。此一觀點對於知識統整與通識的追求似乎是持悲觀的否定,因爲理想型意涵任何的學問都必然是有特定的觀點,此一觀點不可能超越時空的限制。若此,通識教育不是超越觀點的教育,相反地,是一企圖建立觀點的教育。

甚高，其目的往往被視爲是用來幫助人類解決某個特定，而且往往是相當具體實際的問題。其結果是如牟宗三（1986）提到：「……遠離了眞正的『人文』，他們並不眞正了解『人』，因爲他們本來就不把『人』當『人』看。所以現代的教育是遠離『人』的教育，所以我們內心常常嚮往一『人文』教育」。

正因爲科學發展的傳統偏向「外化」與「物化」，其「技術」意義原比「人文」關懷爲重，長期發展下來，科學化與專精分化交錯作用，使得知識支離破碎，學問之間分劃愈來愈明顯，愈來愈缺乏交融的契機，人們對世界的掌握愈來愈難凝聚具普遍、深刻意義的整體認識。通識原有統攝的意思，然而，知識結構在這樣分劃獨立的狀態下，統攝何其難也。無怪乎，牟宗三先生會嘆道：「一般性教育的本義是要叫人了解自己，了解時代，但是你那裏去找這些課程呢？我們學校裏每一系每一科都已科學化，正好與一般性背道而馳，縱使號稱是人文學科，但人文學科也早已變成人文科學，一成科學，則人文便不見了。我們將永遠沒有辦法見到我是個「人」，沒辦法和「人」照面，我只是個專家。專家愈專愈不通，社會上專家愈多，有通識的人便愈少。」

總地來說，在這麼一個知識專精分化而且又技術實用化的時代裏，人對自己存在的問題是不可能不質疑的。教育一直就有追求「完整」人格的理想，如何讓一個「文明人」有文化、有塑造「完整人」的契機，通識教育的推動是勢在必行。但是，我們如何克服上述種種問題，則是抓牢通識教育的基本方向，所不能不事先克服的。面對這麼不利的旣有知識條件，如何尋找與確立一條可以接納、具遠見，又富人文意涵的「觀點」，恐怕是設計通識教育課程首先必需要確立的課題。

（原文刊登於　清華大學人文社會學院編印《大學通識教育》，1987）

參 考 文 獻

牟宗三

1986 <人文教養和現代教育>。《中國時報》「人間副刊」七月十五日及十六日。

江炯聰

1980 《臺灣工業技術之發展與移轉》。臺灣大學商學研究碩士論文。

金耀基

1983 《大學之理念》。時報文化出版事業有限公司。

杜 威 (J. Dewey)

1978 《教育哲學》。曾紀元譯，幼獅文化事業公司。

吳泉源

1986 《從派森思到紀爾滋——論科際整合的問題性》。臺灣大學社會學研究所碩士論文。

商務印書館

1971 《大學教育》。臺灣商務印書館。

Aiken, H. D.

1971 *The Predicament of the University*. Bloomington: Indiana University Press.

Anderson, J. T.

1954 "Education and contemplation," *Education*, 74: 395-400.

Bell, D.

1973 *The Coming of Post-industrial Society*. New York: Basic Books.

Ben-David, J. & A. Zloczower

1962 "Universities and academic systems in modern societies," *European Journal of sociology*, 3: 45-81.

Bottomore, T.

1964 *Elites and Society*. C. A. Watts.

Brubacher, J. S.

1982 *On the Philosophy of Higher Education.* San Francisco, Calif.: Jossey-Bass. 2nd ed..

Dewey, J.

1944 "The problems of the liberal arts college," *American Scholar,* 13: 391-395.

Flexner, A.

1968 〔1930〕 *Universities: English, German, and American.* New York: Oxford University Press.

Habermas. J.

1971 *Knowledge and Human Interests.* Boston: Beacon Press.

Hawthorn, G.

1976 *Enlightement and Despair*. Cambridge, England: Cambridge University Press.

Hook, S.

1963 *Education for Modern Man.* New York: Dial Press.

Horn, F. H.

1955 "The folkore of liberal education", *Association of American College Bulletin,* 41: 114-120.

Hutchins, R. M.

1972 "Second edition: the idea of a college", *Center Magazine,* 5: 45-49.

Kerr, C.

1963 *The Uses of the University.* Cambridge, Mass.: Harvard University Press.

Mannheim, K.

1982 *The Structure of Thinking.* London: Rutledge & Kegan Paul.

Mills, C. W.

1959 *The Power Elite.* New York: Oxford University Press.

Moberley, W.

1949 *Crisis in the University.* London: SCM Press.

Newman, J. H.

1959 [1852] *The Idea of a University.* New York: Doubleday.

Nisbet, R.

1966 *The Sociological Tradition.* New York: Basic Books.

1976 *Sociology as an Art Form.* New York: Oxford University Press.

Parsons, T.

1977 "Some considerations on the growth of the American system of higher education and research", in J. Ben-David & T. N. Clark (eds.) *Culture and Its Creators: Essays in Honor of Edward Shils.* Chicago, Ill.: The University of Chicago Press. 266-284.

Polanyi, K.

1944 *The Great Transformation.* New York: Beacon Press.

Snow, C. P.

1962 *The Two Cultures and the Scientific Revolution.* New York: Cambridge University Press.

Veblen, T.

1899 *The Theory of the Leisure Class.* New York: Macmillan.

Weber, M.

1949 *The Methodology of the Social Sciences.* ed. & trans. by E. Shils. & H. Finch. New York: Free Press.

Whitehead, A. N.

1929 *The Aims of Education and Other Essays.* New York: Macmillan.

Wuthnow, R.

1980 "The world-economy and the institutionalization of science in seventeenth-century Europe", in A. Bergesen (ed.) *Studies of the Modern World-System.* New York: Academic Press.

「心理衛生」的文化批判

平心而論，大會籌辦單位邀請我來與楊國樞教授對談有關「心理衛生」的一些問題，讓我感到十分心虛、惶恐，相當地不踏實。在臺大心理學系唸書時，我曾修過「心理衛生」、「變態心理學」、與「輔導學」等課程，但是，這已是二十四、五年前的事，而且僅憑這三門課的知識，用來檢討「心理衛生」的課題，說眞的，還眞是不夠格。不過，我想，大會會這麼安排，自然有看得起我，也用得上我的地方。他們看上的條件應當不是在於我有過心理學方面的背景。若是如此，在座諸位中，比我有資格的多的是。或許，他們看上的是我後來修習的社會學知識，希望借助一個有過這種思考訓練的人，以外行人的立場來對「心理衛生」發表一些個人的看法。

我不敢說，旁觀者一定淸。其實，外行人看問題，常不免因瞭解不夠，有「想當然耳」或「自製稻草人來打」等扭曲、誤解的情形發生。所以，我在底下所談的，說來只是企圖從文化與社會的角度，透過個人常識性的經驗，提供一些看法。若有不妥當的地方，尙祈諸位指正。

首先，我要引用柯永河教授在其著《心理衛生學》中的說法來看問題。柯教授指出，在一般的情況下，「『心理健康』一詞視同『心理衛生』一詞」。柯教授以爲二者之不同，只是「前者爲較通俗的名詞，而後者則含有較濃的學術氣味。」當然，倘若仔細去考究其意指，「衞生」和「健康」還是可以有區別的。但是，在此，讓我們暫時接受柯教授的說法，姑且把二者等同來看待。所以如此安排，只是因爲「健康」這個概念是我所希冀討論的核心。爲了避免在語義上從事冗長的論說，暫時把「衞生」與「健康」等同來看，以便使討論的焦點突顯，而不會節外生枝，徒增複雜性。

什麼叫「健康」呢？柯教授認爲可以用一個相當簡便的方式來勾勒。他說：「具有許多適應性習慣及少數不適應性習慣的人謂之心理健康者；相反地，具有很多不適應性習慣和少數適應性習慣者謂之心理不衞生或不健康者。」這樣子來界定「健康」，基本上，是一種具統計意涵的表達方式。它必須仰賴一些經驗準則，把人的行爲系譜加以切割、分類，而以數量的方式來歸納。很明顯的，這樣的思考方式是西方人慣有的「組成元素」觀，以爲人的行爲可以在概念、乃至現實上加以類別來理解，而其是否「健康」的判準則在於「適應」與否上面。因此，什麼叫做「適應」，就順理成章地成爲整個問題的關鍵。

「適應」是一種關係概念。它是支撐西方（尤指美國）心理學的一個後設概念，本質上乃反映西方人對「人」之看法的一種具意識型態特性的思考「原型」(archtype)，可以說是承繼笛卡兒「主客兩元」觀之西方文明所開展出來的一種「集體潛意識」。當人們把人做思考和行動主體，以與自然做爲制約和操弄客體分開，人與自然的關係，同時，人與其創造物（包含種種物質和所謂的「社會」與「文化」）的關係，就展現出一種本質上具對絕性之對立矛盾衝突的緊張狀況。於是，人做爲一個系統和自然或人之創造物做爲另一個系統之間，就變成是兩個既是獨立，但卻又必要有關係發生的辯證對位體。

「適應」的概念就在這樣的認識前題下孕生，「健康」也就隨之在這樣的理解脈絡下來定義。

弔詭的是，笛卡兒的「我思，故我在」主張與主客兩元對絕之矛盾對立性之間，本身卽深具矛盾緊張性。一方面，主客兩元對立蘊涵著主與客均各具獨立與優位性的可能；另一方面，「我思，故我在」的主體存在論卻又意味著主體優位性的必然性。因之，這變成主客優位可能性與主體優位必然性之間的雙重矛盾。在以個人爲本位之人文和人道精神的歷史洪流推動下，這種矛盾性無形中更爲加重，也因此更爲糾結，難以化解。由此所開展出來的現象，諸如「個體一集體」、「自由一限制」、「平等一階層」、「理性一非理性」、「身一心」等等，均是以對絕式之對立狀況呈現，而且被視爲是實然，且又是必然的現象。人，做思考和行動主體，必須去化解它，也唯有透過面對這樣的對絕式世界，才能掌握生之意義。這正是 Spengler 所謂「浮士德精神」的關鍵所在。

從歷史的眼光來看，表面上，科技的發展、資本主義的生產形式、和民主政制的推動是闡揚「人爲主體」之存有觀的三個歷史動力。慾望的占有滿足也因此成爲肯定人之存有價值的心理基石。基本上，這是一種肯定世俗現世的生命觀，它建立在「人有能力，且應當控制外塑性社會資源」的倫理與美學基本預設上。人的成就，因此健康與否，端看人是否有能力支配與應對世俗的種種社會資源。然而，問題就出在於,「科技 —— 科層」系統，一旦由創造者 —— 人（當然可不是一個個的人，而是抽象、集體性的「人」）手中脫穎出來，卽成爲自主的獨立體。它形成爲一個「系統」化的環境，會反過來制約人，這就是 Marx 所說的「異化」現象。

社會系統化的異化扞格了「個體做爲思考與行動主體」之充分自

我實踐的可能性。人與社會系統之間產生了爭取行動領導權的緊張和衝突局面。其結果往往是，人被社會系統所吸納。於是乎，在西方人眼中，人是一個獨立自主的系統。但是，面對龐大的「資本一科層」社會系統，人的系統自主性似乎被瓦解，而成爲只是社會系統中的一個小單元。上述柯教授所謂之「適應」，也是絕大多數心理學與精神醫學家所以爲的「適應」，說穿了，正是個體面對社會系統時所產生的應對問題。只不過，他們常用「環境」一詞來取代社會系統而已。

當把個體「適應」環境（卽社會系統）之良窳當成界定「心理健康」的判準，基本上卽已判定「個體做爲思考和行動之獨立自主主體」的命題是無效的。換個角度來說，這乃承認旣成的社會文化結構具有無上命令的特質。面對著這樣的異化結構形式，個人是渺小、無奈、也是無助，唯一的辦法是在此一結構允許的客化規範內，尋找一個足以自存的空間。個體的主體性，也因此唯有靠此一結構的客化文化形式，才得以保證、彰顯。如此的單向「適應」觀所開展出來的是社會角色認同和扮演適當與否的問題。

無疑的，把人的心理健康的問題化約成爲角色扮演的適應與否，本質上是一種人格「功能」化的認識觀。所謂「適應良好」的卽意味，這個個體能夠恰適、妥當而如實把社會規定的角色行爲做好，適應等於順從（conformity）良好。於是，如「君君，臣臣，父父，子子」一般，人必須各自如其所份地被嵌入集體肯定的適當框框之內。這樣的「適應」觀念因此又必然是肯定「趨衆」之統計概念上，趨衆乃具有倫理和審美上的應然價値與意義。於是，從「適應」所衍生的「心理健康」，事實上，只是否定個體具有完全獨立自主的可能性與必要性，尤有進之的，甚至有了意圖削弱這種可能性的嫌疑。基本上，它是屈服在社會系統之巨大威力下的一種投降或妥協的意識型態表現。這乃反映社會系統爭取到象徵領導權的一種指標，也是人類社會被高度制度化後，客化集體力量展現其力量，表現在心理層面上的一種結果。這充分地展現了 Foucault 所說的，知識做爲展現權力之一種形式的現象。

根據以上的論述，我們有理由指出，在現代「資本 —— 科層」社會系統更形嚴密的情形下，「心理健康」的「適應」觀事實上只是社會系統獲取確保其領導權的一種意識型態再生產 (reproduction) 的形式。它披著科學理性之客觀知識的外衣呈現在我們眼前，也變成精神醫學家與心理學家聯合體所形成之專業化定義和治療制度化體制，企圖牽制社會，並間接地支撐整個「資本 —— 科層」系統的手段。準此，具趨衆統計意涵的「適應」健康觀，絕難以說是「價値中立」和「客觀」的。縱然其動機是善意的，那也只是因爲人無能力充分披露其背後之意識型態面紗所可能隱藏的「惡性」體質。綜其結果，在此意識形態面紗的飄蕩中，其所形塑的「健康」形象扭曲了人的主體性。它延宕了人洞識其存在之基本特質的契機，也因此可能反而加深了人對存在意識的困惑。一切「善意」的輔導或治療努力都終可能會失效或落空的。

基本上，上述的「心理衞生」觀並不承認社會與文化（亦卽「社會系統」）應當爲個體的心理問題負責任。相反地，它把個體的心理問題歸咎於個體自身。這也就是說，現代「資本 —— 科層」社會系統不必爲其內在邏輯所開展出來的種種「惡性」體質負任何責任。準此，由如此潛在預設所衍生的輔導或治療制度，無疑的，是對個體之人格有著潛在性的懷疑與輕視。在精神醫生或心理學家眼中，人有心理問題，那只是表示人「適應」失敗。其所以失敗，或許來自器質性因素，或許來自人格不夠健全、強韌。因此，問題乃在於個體的「適應」不良。

這樣的「個人歸咎」觀表現在現階段的精神治療上是十分的明顯。在心理醫療高度制度化的情形下，由精神醫生與心理學家爲主所組成的醫療體代表定義人之「健康」的權威。醫生的白色制服更是成爲界定人之「適應」與否的權威化身。尤有進之的是，在「心理乃身體疾病所造成」之先入爲主的傳統意識型態支配下，養療院成爲壓迫、控制個體對環境有「不良」反應的機構。

讓我們拿精神分裂症爲例來說明。根據調查，現今美國心理疾病的住院病患，約有半數被診斷爲精神分裂症患者。對這種疾病，大部份的醫生皆採用生物醫學機械方法來處理。的確，他們使用 ECT 或藥物（如鎮靜劑）來治療，的確獲得相當的成效。但是，這種治療只能治標，不能治本。一方面，它並無法使醫生更加瞭解病因，另一方面，它更無法使病人認清並解決其自身的根本問題，如孤獨、恐懼、焦慮等等心理現象。事實上，這類病患的問題關鍵，乃在於病患無法統合自己與社會環境的問題。許多研究指出，此類病患的問題皆出於他們跟家庭成員的溝通有了困擾。Bateson 將此溝通特質比擬爲一種「雙重束縛」(double bind) 的處境。病患的行爲事實上只是爲求生活在二種無法同時生活的處境所發明出來的。他們發現其自身在家庭裏面臨到一種「難以爲繼」(untenable) 的處境。不管他如何掙扎，他都無法應付。

英國精神醫生 Laing 卽指出，精神分裂症病患所刻意設計出來的這種策略，其實可視爲是病患對嚴重社會壓力的一種「適當」反應，它代表著病患面臨兩難、矛盾壓力下，極力維持其人格完整性的一種反應。其問題癥結應該是在於整個社會與文化上面。社會學 Goffman 研究療養院，也得到類似的結論。無怪乎，Capra 會說道:「人類的健康主要並非取決於醫學上的干預,而是取決於他們的行為、他們的食物,以及他們環境的性質。」

其實,假如我們說,精神醫生與心理學家完全忽略社會系統對心理失衡的影響,甚至完全為社會系統脫罪,是不公平的。一些具人文導向的心理學者,如 Maslow, Rogers,以及新心理分析學者,如 Sullivan, Horney 等人,或存在主義(或現象學)精神醫學家,如上引之 Laing,與其他如 May,或 Menniger 及其派下的學生,均已瞭解到此一因素的重要性。這可以從整個心理醫療體系中安排有社會工作人員,以及強調家庭治療法或社區治療法等等看到端倪。然而,這些反動的努力,還是顯得相當地無奈,也無助,因為許多的心理問題並不在於家庭、社區、或學校,當然更不在於個人,而是整個社會與文化系統本身;換言之,乃極可能在於「資本——科層」社會系統所開展出來的社會結構與文化屬性上面。

拿當前臺灣社會為例。姑且不論其成因為何,今天社會上所呈現的,不祇是變遷迅速,而是在整個社會當中,名實嚴重分離,人與人之間缺乏信賴,互動缺乏誠意,有的只是短利的互相利用關係,運用手腕欺騙或壓榨。加以生存競爭劇烈,人活在這樣的社會中,倘若沒有焦慮、挫敗,而且還會樸眞地相信別人,那才眞是「有問題」。對精神醫生、心理學家、甚至社會學家而言,這些問題的化解都已超乎他們的能力範圍。事實上,面對這樣的整體社會與文化系統的問題,即使是掌握有正當權力的政客也往往束手無策。於是乎,在此結構限制之下,難怪精神醫生和心理學家只好退而求其次,從他們能力尚能可及的社會次系統——家庭、學校、社區來著手。無疑的,這充分反映出當前「心理衛生學」之實際社會效益的極限。不過,無論如何,對這個極限的認識與反省將是使這門學問有自我再造之契機的內在動力。引進社會與文化批判的觀點，正是足資參考的再造分離點。我們期待在可預見的未來國內有批判精神醫學與心理衞生學的出現。這將展開一頁新的心理衞生學史。

(本文是作者應邀參加臺大公衞所於1989年所舉辦的「中國人的心理衞生國際研討會」的座談會書面報告)

對四十年來臺灣地區社會學發展的一些反省

在中國，社會學這門學問可以說是不折不扣的舶來品，在傳統學術領域中是難以找到可以類比的。根據孫本文（1982臺版）的考證，中國之有成本的社會學書籍當始於光緒廿八年（西元一九〇二年）由上海廣智書局出版、章太炎翻譯日人岸本能武太的《社會學》。同年，嚴復譯成史賓塞（Spencer）之《社會學研究》(*Study of Sociology*)，名爲《羣學肄言》。孫氏以爲社會學正式輸入中國，當以此年爲始，算起來，迄今也已有八十九年了。

當然，八十九年不算很長，但也不是短暫的時間。按理，社會學界若能努力經營，形成相當有規模的學術風格與氣候，原是有可能的。根據孫本文（1982臺版）所收集的資料顯示，迄至民國卅六年十二月，全國主要大學（如北京大學、燕京大學、清華大學、復旦大學、中央大學、中山大學等十九校）都已設有社會學系，講師級以上的教員總數，扣除外籍人士，也有一三三人。各種專書論著在三百多種以上，而且也有專業的雜誌出現。除了主要大學設立有社會學系之外，民國十一年余天休氏在北京發起「中國社會學會」，可惜因參加人數過少，國家又尚未一統，終無形解散。（孫本文，1982 臺版：223）迄至民國十七年東南社會學社成立，於次年擴大改爲中國社會學社，全國性之學術組織才正式成立。

從這些資料加以研判，迄至中共佔據大陸，於一九五二年以社會學「服侍錯了主子，站錯了階級立場」(周揚，1963) 爲由，正式廢除其學術名份之前，社會學在中國是已具規模，各類研究都略有根柢。當然，在整個中國社會科學界中，社會學的發展相對地是遲緩，而且一開始就不易爲國人所了解。尤其政界對社會學始終不了解而有偏差的看法，也因此懷着恐懼的心情來對待❶，社會學的地位於是一直曖昧未明，與其他學門相比較，不但勢單力薄，「根柢還是很薄弱」。(孫本文，1982 臺版: 281) 這樣子的處境使得社會學在中國的發展滯遲不前，始終處於學術的邊陲，在臺灣，這情形更加嚴重。因此在中國，尤其臺灣的社會學，是在先天不足、後天失調的情況下成長，營養既不良，又不斷飽受誤解與扭曲的挫折。現在，就讓我們來看看這四十年來臺灣的社會學是怎麼地在這樣條件下發展。

一. 發展條件 (先天不足・後天失調)

在歷史上，臺灣一直是政治、經濟和文化上的邊陲地帶。它不但是整個世界的邊陲，也是亞洲的邊陲，即使在中國，它還是邊陲。雖說自淸以來，臺灣地區居民以閩、客籍漢人爲主，尙秉承大陸漢文化的傳統，且早已正式納入中國版圖; 但是，與中原相比，臺灣地區中國人所承襲的文化傳統包袱早已相對地少了許多。(陳紹馨，1979) 尤

❶ 有關國人對社會學的誤解和恐懼情結，參看 Wong (1979)；鄒理民 (1981)。甚至，遲至民國四十九年臺灣大學欲成立社會學系時，官方尙存有此一不健康的偏差認識。(參看楊懋春，1963，1980；龍冠海，1969)

其，追溯歷史，臺灣一直被中國人視爲化外之邊區，居民具移民性格，心態不但開放，而且頗多把臺灣視爲如同菲律賓之海外異地看待。再者，歷經西班牙、荷蘭和日本人的殖民統治，臺灣人深具明顯獨特的文化色彩，對中國大陸中原文化與學術的認同本就有相當的隔閡。尤有進之的是，臺灣地處亞洲大陸東海域的中心，西承中國大陸，北接琉球與日本，南鄰菲律賓和印尼，加以本地的土著，人文地理上有利於多種文化的輻輳。因此，在民國卅四年光復前臺灣地區與大陸中原文化有着一段隔閡，也難與大陸的學術一開始即有血肉相連的親密血緣關係。

暫且不談與大陸之學術傳統的隔斷關係，單就歷史條件來看，社會學在臺灣原本就難以找到生根的有利基礎，若說有了基礎，那還是民國卅八年國民政府遷臺以後的事。在日據時代，爲了便於統治，日本人採愚民政策，在臺灣雖終設有「臺北帝國大學」（即今臺灣大學之前身），但僅設有文、理、醫、農四個學院，而不設與啓蒙政治和社會意識有關之社會科學的學系。因此，臺灣雖處於多種文化的輻輳地帶，對外來文化較爲敏感，吸收能力也較強，但把社會學當成一門專業來看待，並不存在的。假若當時在臺灣有所謂「社會學」，那只是流傳於民間，少數知識份子可能略感興趣的名辭而已。根據筆者手邊所有的片斷資料，社會學的名字與敎授第一次出現在文獻中，可能是一九二六年（民國十五年）八月由文化協會所辦之第三次夏季學校講習班。是時，該班所開授課程中列舉有「社會學」一門，由林履信主講（葉榮鐘，1971）。很明顯的，當時臺灣知識份子在夏季講習班開授「社會學」，恐怕旨在介紹西方新知以啓廸民智，而不是爲學術本身塑型。以當時日本統治者的心態來說，他們是不可能在臺灣的大學中成立有關法政的學系，因爲倘若如此的做，無疑是自掘墳墓，爲自己平添更多且更壯大的反抗勢力。因此，在日據時代，雖基於殖民統治之需，日本政府竭盡心力收集並保存各種原始社會之資料和檔案（陳紹馨，1979），但在大學中卻不允許有「社會學」這種學問存在的。基於這個緣故，縱然具社會學意味的政策和行政研究與討論已在臺灣暗中流行，但社會學卻一直未能正式生下根來。當時，雖然偶有臺灣人在日本修習社會學（如陳紹馨），但始終發生不了學術上的作用。臺灣學術界中有社會學這一門學問還是民國卅八年國民政府遷臺以後的事（參看龍冠海，1963）。

大體來說，民國卅四年光復到民國卅八年國民政府播遷臺灣這段期間，臺灣的社會學還是處於眞空的狀態。就以陳紹馨教授個人的經歷爲例吧：陳先生負笈日本，於一九三二年（民廿一年）畢業於東北大學法學部，主修社會學。他於一九三六年返臺，「雖是學成歸國，但回到臺灣一時竟無『用武之地』」（戴寶村，1984）。於是，陳先生只好到其父在高雄縣大樹庄所經營的農場工作，直到一九四二年才有機會進入臺北帝大從事研究。光復後，臺北帝大改制爲臺灣大學，陳先生入歷史學系，正式受聘爲教授。民國卅八年，臺灣大學成立考古人類學系，陳先生再轉入該系。一直到民國四十九年臺大成立社會學系，陳先生才得到機會「歸宗」。這距他拿到學位已過廿八個年頭了，而距他開始進入臺大工作，也有十八年。

陳紹馨寄人籬下的學術生涯遭遇並非「獨有無偶」的個例。在民國四十四年省立行政專科學校升格爲省立法商學院，有社會行政科合併臺灣省立行政專修班社會教育科改爲社會學系以前，社會學者一直就在妾身未明之情況下，過着寄身的學術生活。在此環境下，社會學的研究與人才的作育自然難以順利進行。在民國卅八年左右，除了陳紹馨以外，社會學者均來自大陸，而且總數不會超過十個人（楊懋春，

1976: 1)，其中，有資料可查，眞正受過社會學正規訓練出身的大概只有四位，分別爲龍冠海、張鏡予、謝徵孚與郭驥❷。由於一時大學裏尙無社會學系，他們與陳紹馨一般，寄身在其他學系或非學術機構裏。

民國四十四年以前，除了社會學者在學院裏沒有自己的據點外，與其他社會科學相比，人數稀少是另一個發展上的障礙。若以民國卅六年孫本文（1982臺版）所收集之資料來計算，由大陸來臺之社會學者僅占全國社會學者之百分之四不到❸，而且，成名之優秀社會學者不是滯留大陸，就是轉赴國外避難。平心而論，到臺灣來的幾位，在當時中國社會學界，都不是有顯著名氣和成就❹。其中除謝徵孚任教的大學（中央大學）尙屬著名之外，其餘的無一在當時著名的大學任教。總之，不論就質或量的角度來看，民國卅四年光復以來截至民國五十年左右，臺灣社會學界力量相當單薄，可以說微不足道，根本談不上發展。先天不足，後天又失調，一起步就已跌了跤。這是何以臺灣社會學的發展比其他任何一門有關之社會科學（如政治、經濟、法

❷ 根據孫本文（1982 臺版）所列登記有案之名單。再加上美籍教士郝繼隆（Albert R. O'Hara）共五位，其他如李鴻音和陳國鈞很難說是社會學者，應當歸類爲社會工作或社會行政學者。另外，芮逸夫與衞惠林實爲人類學者。楊懋春則於民國四十七年才由美返臺，距民國卅八年，已是九年後的事了。

❸ 扣除外籍人士不計算在內。

❹ 筆者於民國七十二年三月赴香港中文大學開會，有機會遇見由大陸來的費孝通教授，詢問及是否認識民國三十八年後來臺之早期社會學者。費先生告知只認識楊懋春教授，其餘的都不認識。以費先生的輩份、年齡、和當年在中國社會學界的地位聲望，不應不認識或至少聽過且略有成就或名氣的同僚的名字。再者，以來臺這些學者的過去作品來審視，其水準的確也難以與著名學者如費孝通、吳文藻等人的作品相比較。

律、心理、乃至人類學）遲緩十至二十年的緣故。

二. 制度結構（有了社會學系以後）

一門學術要能生根發展，必需有制度化的機構來支撐，否則是難以進行的。在民國卅四年至民國五十年左右，臺灣社會學所以難以發展正是這個理由。在前我們已提到，第一個社會學系於民國四十四年成立於當時尚稱省立商學院的中興大學法商學院。由於係由行政專科學校社會行政科合併臺灣省行政專修班而形成，中興大學社會學系一開始就肩負了一個歷史包袱。系名雖爲社會學系，但實則以培育社會行政與社會工作之專業人員爲重點，眞正從事正統社會學之研究與人才培育反而成爲附屬的工作了，中興大學社會學系此一歷史包袱一直承繼至今。雖在民國七十年該系奉准正式分成社會學與社會工作兩組，但社會學本身的訓練始終表現得不盡理想，自是與此歷史背景有密切的關係。

東海大學於民國四十五年在文學院內增設社會學系，但當時實際上是有名無實，系內並無社會學教師，所招收的學生大多數轉入他系。民國四十七年，該校聘當時在中興大學之張鏡予敎授爲專任敎授，次年，增聘敎師三名，社會學系之名乃告確定，並請張鏡予先生爲系主任。民國四十九年，經過長時期的難產和諸多的周折，臺灣大學社會學系成立，由龍冠海敎授主掌系務。同年，在楊懋春敎授努力下，臺灣大學亦同時成立農業推廣學系，負責培育鄉村社會學的專業人才。民國五十八年，政治大學邊政學系正式改爲「民族學及社會學系」（簡稱「民族社會學系」），增設社會學的課程，後於民國七十二年，又改爲「社會學系」，但系內的組成事實上還是與往昔一樣。輔仁大學也於民國五十八年成立社會學系，東吳大學則於民國六十二年接着成立。至於研究所，臺灣大學首先於民國六十三年成立社會學研究所，授碩士課程復於七十五年成立博士班。東海大學於六十七年成立碩士班，繼於七十年成立博士班。東吳大學則於七十年成立碩士班，而政治大學亦於七十五年成立碩士班。清華大學則於七十六年成立社會人類學研究所，授碩士學位。因此，屆至目前，臺灣地區共計有六個社會學系，四個半研究所。

經過幾番的波折和努力，臺灣社會學終於在學術社區裏爭取到一份被承認的合法地位。雖然起步是較其他社會科學爲晚，但是，如今擁有六個學系、四個半研究所，和一個有近三百位會員的學會，在建制上，社會學發展應當已具備最起碼的條件了。站在這個基礎上來看，臺灣社會學發展前途是樂觀的。然而，由於先天不足，一開始又是後天失調，以臺灣社會學界的制度與人員狀況來看，尚隱藏有一些問題，值得拿出來討論的。

(一) 實務與學術的誤置

首先希望在這兒指出的是，這六所社會學系一開始成系不久，即把社會工作當成應用社會學納入建制之中。中興大學社會學系有此建制的發展，依其歷史背景來看，尚可瞭解，也値諒解，因爲該系是由社會行政科與社會教育班改制而來。但是，對其他大學社會學系把學系分成社會學界流行的「理論組」(或稱「社會學組」)與「社會工作組」，就實在值得商榷了。何以在四十年代東海大學及臺灣大學成立社會學系時，會把社會工作納入建制，其眞正動機至今回溯起來是難以完全得知的。筆者以爲可能的理由有三：第一、卅八年後來臺的社會學者爲數實在太稀少，加以在大陸時期，純社會學與社會行政(乃至社會工作）本就是沒有分明地劃清界限，因此來臺後，社會學者結合社會行政與工作學者，並接納社會行政從業者以壯聲勢，也就成爲很自然的發展趨勢。第二、中興大學社會學系的建制模式成爲爾後成立社會學系的藍本。第三、由於當時政府中之有權者對社會學這門學問幾乎毫無認識，甚至有人以爲社會學即是社會主義（參看龍冠海，1969；楊懋春，1963，1980）。加以，自有清以來，中國人即十分重視學術之功利實用性，社會學者爲了順應這種認知態度，也爲了配合學術實用化的潮流，就不免特別強調社會學的應用和實用面了。在此情形之下，把社會工作視爲應用社會學，而於社會學系的建制下容納社會工作成爲正式的一半成員，就無形中順着形成了。譬如，社會學者在臺灣大學申請成立社會學系，其爲社會學正名的理由中，有一條即充分表現出這樣的心理情結。這理由說：「社會學是可致用於社會福利事業，及社會問題的解決上；而可爲國家、社會的需要。」（龍冠海，1975：949）

站在「純」把社會學的發展立場，把社會工作看成是社會學的應用衍生是錯誤的，尤其社會學者有了這樣的誤認，其影響後果更難收拾。這樣的錯誤開始對臺灣社會學的發展至少有下列兩方面的妨礙：

第一、臺灣的大學教員名額原本有限。國立大學的員額數目由教育部決定；私立的則因財源困難，員額更是自我緊縮。在有限的教員名額中，還得勻出一半（至少三分之一）給社會工作的專業，很明顯的，不論對社會學或社會工作的學術發展與教學，都會因人手不足，感到難以伸張和發揮。其結果是使得社會學與社會工作兩受其害。這情形直到最近幾年，臺灣大學、中興大學、與東吳大學社會學系正式分成兩組，而東海大學與輔仁大學則正式分系，才稍有紓解。

第二、儘管目前絕大多數社會學系已把社會工作與社會學分開，但是社會大衆，甚至社會學系的學生，尚把社會工作當成應用社會學。當然，社會工作的實務與硏究是需要社會學的知識來支撐，但是把社會工作當成應用社會學，無疑地大大降低了社會工作的學術獨立性格，使之淪爲社會學的附庸，再者，也因此窄化了應用社會學的實用內涵。最爲嚴重的是，此一誤解往往導致年輕的學習者在起步時就產生認知偏差，甚至因而誤導了往後的學術生涯。總之，這樣的課置，至少在制度上妨礙了社會學的發展，也因此導致社會對社會學的本質產生偏差的認識。

(二) 社會學人才的斷層

第二個問題是有關社會學學術從業人員的素質問題。在上節中，我們已提及，自從光復至民國五〇年左右，臺灣地區社會學者人數稀少，加上掛得上邊的雜牌軍，在大學任教，而眞正從事硏究的，頂多應當不會超過二十人❺。這些人當中，屬於卅八年前已在大陸之大學中任教者外，均爲在大陸修習社會學、或半途改行來臺才開始在社會學系任教的。在所謂第一代的社會學者中❻，人數雖少，但卻幾乎都是受過完整社會學正統訓練。如謝徵孚先生乃法國之博士、楊懋春先生係康奈爾大學社會學博士、龍冠海教授是南加州大學社會學博士、郝繼隆神父則爲美國天主教大學社會學博士。當然學位並不代表一個學者的專業能力和成就，但是，在無法取得更妥當恰切的指標前，至少學位可以用來當成瞭解一般學術水準的參考。假若這樣的說法可以

❺ 中國社會學社於民國四十年曾刊印社員名册。年代已久，筆者多方努力，始終尋獲不得。後，民國五十八年再整理，重印社員名册。此處所估計之人數，係根據五十八年名册加以核對，憑筆者之經驗，計算出來的。

❻ 蕭新煌教授（1985，293—294）之語，衍用之。

被接受的話，那麼，來臺第一代的社會學者人數雖少，其素質以當時之水準來說，是相當不錯的。即如陳紹馨先生雖未有博士的頭銜，但他用功之力；所留下來的學術作品，特別有關臺灣之人口與民俗研究，卻是當時社會學界中首屈一指的，即使以後的社會學者的成就也未必超得過他。

遺憾的是，當時臺灣學術猶如一片荒地，加上大學裏沒有社會學系，外界對社會學認識又不夠，這批社會學者在大學裏僅能自求多福、保住位置、敎幾門與社會學有關的課。因此，縱然自身學術素養再好，有心爲社會學培育接棒人，終究力不從心，難以有系統、有計畫地來進行。這情形更因當時僅有之中興大學社會學系無法保持以正統社會學的訓練爲主，敎授羣之水準又參差不齊而愈形惡化。東海大學也因地偏臺中，加上是私立的，無論就待遇或圖書設備，條件都較不利，因而難以網羅優秀的學者。其實，話說回來，縱然沒有上述種種不利的客觀條件，以當時的人力資源來說，確實也是找不到如第一代這幾位受過完整訓練的年輕一代來接應。總的來說，第二代的社會學者，人數是比第一代爲多，但很遺憾的，社會學的專業素養卻未必比第一代優秀。在此情形之下，社會學界有了嚴重的斷層。其實這種斷層不只見於社會學界，也見於其他的社會科學界，也許社會學界只是特別地顯著而已。說來，這是當時學界普遍的現象。

第二代與第一代之間所以產生斷層，基本上可以說是時代的歷史命運使然的。自民國以來，中國大陸就從未眞正統一，而讓老百姓有太平的日子過、對中國破壞之大，尤其對知識界具莫大之摧毀者，莫過於日本侵華所帶來的八年抗戰和緊接而來的國共之戰。戰爭使許多人生命斷送、飽受家破人亡之傷，也使知識份子無法接受完整的敎育。這樣對人才培育的挫傷導致中國（無論大陸或臺灣）在戰後謀求復原重建時，深感人才之缺乏，嚴重影響到重建復原的品質。更令人感嘆的是，挫傷不祇是一時，而是延續了二、三十年。由於戰爭延續十一、二年，如今六十至七十歲之間的這一代幾乎都無法有機會接受完整而且維持相當水準的大學教育。這種情形不但見諸於大陸，日本控制下的臺灣也是如此。這一年齡層的知識份子於民國三十八年來臺時，大約在二十至三十歲之間，正好是補充學術界基層人員（如講師、助教）的年齡。在當時百廢待興的情形下，學術界也與其他領域一般，人才奇缺。這時，縱然未接受完整的正統訓練，乃至資質未必勝任的，只要具有大學畢業資格，被吸收進大學來擔當助教者，往往並不是十分的困難。這批即是三十八年後臺灣學術界的第二代。

對民國三十八年前後即已存在的學系，這批第二代的學術工作者，甚多是大學畢業或畢業後三、四年內即進大學當助教或講師。此時正值年輕力壯，學習動機與能力高強，他們尚可藉著工作之便，努力自修精進。大體上，他們與學術還沒有過完全脫節的現象，所差的或是天資不足、或是缺乏有系統的指導與進修而已。但是，對社會學界，情形就不一樣了。由於三個最早的社會學系成立在四十四至四十九年之間。除了少數幾個第一代社會學者分別擔當舵手主掌社會學之發展外，屬講師與助教級的資淺人員勢必由民國三十八年前在大陸即已擁有大學文憑或由中興大學社會學系畢業者之中來挑選。很明顯的，由於中興大學社會學系側重社會行政與社會工作，其畢業生在社會學上的素養是否有起碼水準，頗值懷疑。事實上，從中興大學社會學系早期畢業而留在臺灣學術界的專家來看，即已明白地看出來，他們絕大多數是屬社會工作方面的專家，而不是社會學方面的。因此問題是在於那些屬於前者直接以講師資格被聘進來的一羣。他們的問題在於：從大學畢業到再回大學來任職之間往往至少已有六、七年以上的空檔。回到大學來任職大多已是三十多乃至四十歲了。學術工作貴在持續不歇，一以貫之。一旦有了間歇，尤其間歇個數年，乃至十年以上，重作馮婦，自會常感力不從心，難以爲繼，更罔談跟上時代潮流了。這是斷層所以產生的根本癥結。

總之，由於客觀條件相當不利，第二代社會學者雖在人數上略多於第一代，但還是不免有欲振乏力之感，難以把第一代辛苦耕耘下來的這塊小園地有效而大幅度地加以擴展。臺灣地區社會學有明顯的起飛式發展轉機，已是民國六十年以後，大批第三代的學者留學回國來以後的事了。因此，第三個問題卽是有關這批第三代學者的一些問題了。

（三） 第三代供需的問題

大體而言，截至民國六十年之前，社會學系師資的補充，除了上述的來源之外，則幾乎完全仰賴本系畢業生由「助教」循階依序陞進，民國五〇年代後半尤爲明顯。其所以如此，道理至爲明白。雖然中興大學和東海大學早在民國四〇年代卽有畢業生，但由於當時國內沒有社會學研究所，出國留學的又因種種理由，轉行改業的頗多。在國外繼續攻社會學的可說鳳毛麟角。縱偶有學成的，也因國外（尤指美國）社會學就業市場良好而滯留不回[7]。因此，在六〇年代之前，社會學界迫切需要學有所專而受嚴格學院訓練的新血，但總不可得，只好由大學畢業生當助教，循階升上者來補充了。

民國六十年前後，陸續有擁有高學位的社會學者返國。奇特的是，這批博士社會學者全集中在臺灣大學農業推廣學系，由吳聰賢以

---

[7] 修習社會學者，一向以留美爲主。開始有興趣留歐，還是這些年來才逐漸形成的趨勢，但終究還是以留美的爲最多。

降，有黃大洲、蔡宏進、廖正宏等。說來這不能不歸功於該系創辦人楊懋春教授的胸襟、遠見，和有心的栽培。楊教授深知人才培育不易，需要長期經營。當農村社會學尚是臺大農業經濟學研究所之一個分組時，楊先生卽已留意人才的作育。農推學系成立之後，楊教授卽先後聘請上述四位先生擔任講師，爾後再送出國進修。說來有趣的是，在民國六十年至六十三年間，先後回國的楊孝濚（當時在政治大學新聞研究所，現任東吳大學社會學研究所教授）與江玉龍（東海大學社會學研究所）也都是臺大農推系的畢業生。所以，民國六十年以後，首批回國服務之博士社會學者幾乎全由臺大農推系系統出身的所包辦，正統社會學系畢業的卻反無任何成績。其因爲何，實値探討。

假若以民國六十年爲起算年，截至目前爲止，從國外返臺服務之社會學者獲有博士學位的至少有六十人，若加上學位非屬社會學、但目前在社會學系任職的，則近七十人❽。在短短二十年間，社會學的學術人口一下添加近七十個生力軍。二十年間增加七十位社會學者，無疑地是一股龐大的力量，頓時使得社會學膨脹起來，活潑生色，其所具之意義自不容忽視。

仔細分析這七十人隸屬的機構，我們發現一個有趣的現象，値得在這兒特別拿出來討論。以民國七十五年爲分界，在六十至七十五年間回臺服務的，扣除原已在臺任職，爾後留職出國深造和獲非社會學學位者不計外，在大學社會學系任職者有十一人，其中國立大學五名，私立大學六名，而在中央研究院任職者有十二人，其中民族學研究所三名，三民主義研究所五名，美國文化研究所二名，經濟研究所二名。對臺灣社會學界熟悉者，從這些數據立刻可以覺察到分配是相

❽ 我們把偶有短期回國講學的學者排除不計。

當不均勻的。如此的不均分配對社會學的發展影響頗巨，這個問題容後再述，現在先讓我們看看爲何情形會是如此，筆者以爲，其所以如此，與整個學術界的階層與資源結構有密切的關係。由於篇幅的限制，不擬對此制度結構上的問題從事細部的解析，我們只就此數據，佐以筆者個人對現況的經驗，提出一結論性的說明。

當前臺灣社會學界人才的流動與分配，可以用「落花有意，流水無情」一句話來形容。換句話說，想進大學任職的進不去；大學想要的人才，卻又要不到。情形所以如此乃分別與中央研究院、國立大學與私立大學之聲望、階層和待遇福利差距有關。幾十年來，學者莫不以進國立大學任教爲第一優先，其中又以進臺灣大學爲最優先考慮。但問題是，當時之臺灣大學社會學系的容納量有限，先已幾乎由科班循階而上的第二及第三代學者占了不少位置，再加以幾近一半名額必須分配給社會工作專業者，社會學方面的教授名額實在難以再勻出；而其他國立大學又因種種因素，未必比中央研究院具有吸引年輕學者的有利條件。私立大學也因待遇、福利、設備、職業安全度等等因素，對學者之吸引力不大，而致使許多學者裹足不前。在此情形下，又逢前些年來中央研究院有五年擴大計畫，成立三民主義與美國文化等研究所，社會學者之需求量頓增。以中央研究院的學術地位、設備，及待遇種種條件，自有吸引學者之處。雖說中央研究院並無社會學研究所之專置，但權衡之下，還是吸引了不少學成歸國的社會學者。他們寧捨社會學系之正統機構，而就中央研究院之職位。正因爲如此，雖然所有社會學系都需才孔急，但始終找不到適當的人選。爲此，有的大學即往非社會學的相關學門進軍、尋找人才，其結果是造成人才供需的失衡，間接地使得社會學系的師資結構普遍未能健全。

上述的情形，自民國七十五年以後，有了很大的改變。由第三代所培養的第四代年輕學者於這段時間陸續完成學業，開始進入就業市場，在短短五年間社會學者之人數添加至少有三十人。這批年輕學者所受訓練比第二、三代的更爲完整，也更爲嚴格，其學養素質在在均比以前的世代爲優。由於中央研究院各所之名額已漸趨「飽和」，這五年內出道的學者大多往大學裏流，頓時，各大學的師資增多，且品質也提升了不少。

三. 成果與特徵（社會學研究的考查）

在上節中，我們用了相當多的篇幅來討論臺灣社會學界的制度結構。所以如此做，並不是四十年來社會學的研究毫無成績，更不是社會學的研究不重要，而是有關這方面的介紹和討論，以往學者做得比較多（如楊懋春，1976；龍冠海，1963，1975；張曉春，1972；蕭新煌和張苙雲，1982；鄒理民，1981 等），而就社會學界的制度結構來考察的，雖未必完全闕如，卻從未有過稍具規模的。況且，個人以爲，當前臺灣社會學界最重要的癥結是在於制度結構與人爲因素上。人事不健全，結構不上軌道，縱有再多的研究，終未能充分的發揮其作用，也難以產生有系統的延續。有鑒於此，我們才把討論重點擺在制度結構上，而盡可能地把研究成果的檢討減少到最低的程度。當然，倘若篇幅不受限制，自當更爲周詳地來描述研究成果的內容，也自當花費更多的篇幅來檢討。

籠統地來說，這四十年來臺灣地區社會學的研究是取決於四個主要因素：①機構本身的宗旨和研究傳統；②研究者本人的專業訓練和興趣；③外在社會大環境的需求；④中心學術體系的研究取向。個人以爲掌握了這四個因素，在汗牛充棟、龐雜紛陳的研究成果中，就比較可能理出脈絡來。當然，以這樣的線索來重建四十年來臺灣地區社會學研究的脈絡，不可能是周延而不偏倚的。線索本身事實上即多少已界範了可能重建的方向，其間自不免掛一漏萬，這原是無可奈何的，希望讀者能夠瞭解。

大體而言，在民國五十年代以前，除了教科書外，社會學界幾乎毫無具體明顯的研究成果可言。由於先天不足，當時僅有之中興大學與東海大學社會學系的研究成績就幾乎等於零。事實上，以當時情形來看，勉強能夠找到人來教書已是大幸，談研究，那無異是一種奢望。

(一) 嗅出社會基本問題

社會學界開始有具體研究出現應當是民國五十年以後的事，而臺灣大學的社會學者可以說是最主要的貢獻者。社會學系和農業推廣學系分別代表兩個不同的研究方向。農業推廣學系顧名思義，研究自然是以鄉村（尤指農村）社會和有關農業發展的研究爲主，其中以楊懋春教授所主持有關土地改革之影響的研究爲最具特色（1970）。尤其在農復會及有關機構支持下，臺大農業推廣學系以有限的人力在農村社區、人口和農業政策等問題的研究上盡了力，也累積了一些成果。尤其，添加了黃大洲、蔡宏進、廖正宏三位專攻人口（或社區）的鄉村社會學者後，在鄉村社區與人口的研究上更是開創了新的局面。

至於臺大社會學系的研究，早期可以說是以龍冠海和陳紹馨先生爲主幹，而佐以朱岑樓與范珍輝先生爲輔。陳紹馨先生在臺灣人口與民俗上的研究地位早已爲學界所公認，其貢獻是不可磨滅的（黃應貴，1983）。可惜，陳教授英年早逝，未竟全功，對臺灣社會學界是一大損失。在龍冠海教授領導下，臺大社會學系有意效倣芝加哥大學社會學系以都市區位與人口爲研究重點，因此計畫在系內成立都市研究室。可惜，由於研究經費難籌、主持者身體狀況不佳，復加後繼乏人，實際上成果闕如（鄒理民，1981， 41)。留下來的只是一些有關臺北市及近郊社區的零星殘斷的描述性研究，實難以說有明顯而具體的成果貢獻。

大體來說，在民國六〇年代來臨之前，臺灣社會學界的研究正如人才零落一般，相當地蕭條。不是完全沒有研究成果展現，而是研究零散殘斷，難自成系統，品質也不夠理想。除極少數（如陳紹馨）之外， 實難見有一脈相承的研究體系， 研究大都是跨越相當廣泛的領域。事實上，在一門學科萌芽的早期，尤其在學術如沙漠的臺灣，這樣的現象本是可以理解的。臺大農業推廣學系研究主題與方向所以一開始就較明確固定，顯然與該系本身之宗旨有密切的關係，此乃一般社會學系所難以做到的。後來農推學系明顯以人口與社區之研究爲重點，一方面是與當時學者之專業訓練有關[9]；另一方面，則與整個大社會的變遷亦有密切的關連。臺灣地狹人多，人口壓力早巳顯現，加以五〇年代以後經濟逐漸起飛，城鄉人口流動明顯，都市人口日增，隨之帶來無數的問題，在在有待社會學者去瞭解。在這樣迫切的現實條件下，不但臺大農推學系致力於人口與區域研究，龍冠海教授主持之臺大社會學系會以都市研究爲重點，自是很可理解的趨勢。臺大農業推廣學系與臺大社會學系正好組成搭檔，一以鄉村，另一以都市做爲研究的重點。儘管研究績效未彰，但是如此的研究取向和意識卻是相當明顯，也因此主導臺灣社會學的研究方向一大陣子。

---

[9] 屆至民國七〇年代，第三代社會學者一直以專攻人口者最多，少說也有十多位。推其原因，除因人口與區位問題日益嚴重外，乃與美國中心學術之研究潮流，研究人口學易獲國外大學獎學金，和攻讀人口對國人之學習障礙較少等因素有關。

事實上，以當時最具代表性之臺大社會學刊的論文來做爲依據，排除旅外學人或外籍作者的作品外，我們發現研究主題並不侷限於人口和社區，而是相當地寬廣。除了介紹西方社會學以及泛論的文章外，論文題目尚包含家庭、婚姻、社會思想、犯罪等方面。雖然我們不能、也不願遽下結論說這些研究之動機並不是受社會客觀條件引導，但似乎反映個人研究專長與興趣的成份比較多。因此，在民國六〇年代來臨之前，雖然臺灣社會學的研究大致上已嗅覺到臺灣社會的基本問題所在，也企圖以這些問題爲中心從事系統的研究，但終究因研究人口過少，經費籌湊困難、研究動機與壓力不大等等因素，而難以具體實現和持續下去。當時，社會學者所能做的，恐怕還是以個己有限之力從事西方社會學的推介和零星的研究。除臺大農業推廣學系因本身之學術宗旨較明確而有較明顯的研究方向外，所有社會學系還是在喘息掙扎的狀況下，各自爲政，難以凝聚長期持續的研究方向。

(二) 實證方法論的興起

臺灣社會學界開始有比較明顯的研究成績與方向，還是民國六〇年代以後的事。這股力量的推動和形成，溯其來源，還是來自社會學以外的學界，而且主力也不在社會學系，在於中央研究院民族學研究所。這股潮流所以形成，還得追溯到民國五十年左右在臺灣大學掀起的文化論戰。當時，以臺灣大學哲學系殷海光教授爲精神領導象徵，一批當時是助教和研究生的年輕學者掀起以西方科學文化來批判中國文化傳統的運動。他們肯定西式的民主與自由理念乃建構社會秩序的理想基礎；在日常生活上，邏輯則被視爲判準一切事理的標準❿。

❿ 這可從殷氏之著作明顯看出來。參看《殷海光先生文集》(1979)、《中國文化的展望》(1966)、和《思想與方法》(1964)等著作。

殷氏雖沒有直接介入文化論戰，但他力倡邏輯實證論的哲學，大捧羅素與海耶克 (Hyake)，蔚成當時的學風。風靡所及，邏輯實證論諸大師如 Carnap、Hempel、Quine、與 Wittgenstein 等人著作廣爲坊間盜印；並且流傳於年輕學子之間。一時之間，實證論的科學哲學頓然被視爲是「科學」的惟一內涵。

其實，早在殷氏力倡邏輯實證論哲學的同時，臺大心理學系卽已在行爲主義影響下強調行爲的經驗實徵研究。只是，當時心理學界如社會學界一般，同樣面臨人才零落、難以爲繼的狀況。唯一不同的是，臺大心理學系成立比社會學系早十一年。經蘇薌雨教授領導下的慘澹經營，在臺訓練，爾後留學而具有完整學院資歷的第二代心理學者，在民國四十九年以後卽開始陸續出道。民國四十九年實驗心理學者劉英茂教授回國服務可謂開其端。透過劉教授個人的學術魅力，心理學界首先在社會與行爲科學界堅定而明確地立下實證的研究方法論立場。只是當時社會與行爲科學家，因缺乏哲學知識上的素養，一味跟隨美國學術潮流，而不自知其所持立場的哲學基礎而已。然而，無疑地，在此客觀條件的推動下，殷氏力倡實證主義的科學哲學很自然地首先贏得心理學界的共鳴。當時在臺大心理學系擔任講師的楊國樞教授，可以說是社會與行爲科學界首先共鳴，並積極參與推動，貢獻最大的一位⓫。經由楊教授的鼎力聲援，復因社會與行爲科學幾乎全是留美學者，殷氏此一主張遂成爲二十多年來主宰臺灣地區社會科學研究的認識論基礎，直至民國六〇年代中期以後，社會學者高承恕與

⓫ 楊先生於民國五十一年升任講師，卽開授一門有關心理學方法的課程，課中所授全是實證主義傳統下的方法論。他並於當時流行極爲廣泛的《文星》雜誌發表有關行爲科學的文章。與當時力主實證主義的哲學家互通聲息。這二十多年來，楊先生一秉此哲學立場從事心理學研究甚力，溯其方法論的來源當於是時。

葉啓政引進德國批判學派與現象學的方法論，才開始在社會科學界產生另一反動的力量。

（三）行為科學科際整合

除了實證方法論外，民國五〇年代至六〇年代中期這十幾年間尙有一股學風值得一提，這就是主張科際整合的行爲科學研究。早在一九五〇年代，哈佛大學 T. Parsons 曾糾集心理學者、社會學者和人類學者，組成以「社會行動」(Social Action) 爲中心的科際整合研究⑫。風氣所及，延至一九六〇年代末期，美國社會科學界遂有「行爲科學」一辭，學者開始以科際合作方式對「行爲」加以研究。唯美國學者對「行爲」之認識一直無法擺脫實證思想主導的行爲主義 (Behaviorism) 的觀點，與德國社會學主張對「社會行動」之意義詮釋的傳統，實際上有一大段距離。

一九六九年楊國樞教授留美獲博士學位回國，在當時美國社會與行爲科學學風的影響下，與任職臺大農業推廣學系之吳聰賢教授、中央研究院民族學研究所、也是臺大人類學系之李亦園教授等人結合，也力倡科際整合的行爲科學研究。風氣所及，社會科學者羣起呼應，所謂實證式的經驗研究流行一時。由彼時至今，在此一學風引導下，有三項成果與社會學的發展有密切關係，值得在此一提:

---

⑫ Parsons 深受 Weber 社會行動說與 Pareto 之邏輯無涉的行動論 (Theory of Non-Logical Conduct) 影響，企圖揉合此二人與 Durkheim 之學說，倡《自願行動論》(Theory of Voluntary Action, 1943)，名噪一時，一時蔚成美國社會學之主流，其有關社會行動論定於此時。於一九五二年復與 Shils 合編《The Theory of Social Action》，可說是倡行爲科學之濫觴。

第一、在當時李亦園教授主持下之中央研究院民族學研究所配合科際整合的旨趣，於一向以人類學者爲主的傳統下，聘用社會學與心理學者，使民族學研究所成爲包含人類、社會、心理（以人格與社會心理學爲主）之研究的重鎮。楊國樞與吳聰賢二教授隨即被延聘爲兼任研究員，分別代表心理學與社會學，再加上該所文崇一教授轉入社會學研究，並於民國五十九年聘了甫自臺大心理學研究所畢業之瞿海源教授，一個以人類、心理、社會學爲鐵三角的科際整合雛型終有一制度建制上的據點。

第二、在楊國樞教授主持下，他本人及指導下之碩士研究生開始展開有關中國人性格的研究，並於民國五〇年代末期，在中央研究院民族學研究所支持下，結合人類學、社會學、與精神醫學家，舉辦有關中國人性格的學術研討會，於民國六十一年薈集文章成書，名《中國人的性格》（李亦園等，1972）。此書一出，轟動學界，影響頗鉅。其影響所及大致有三方面：①由對中國人傳統性格的探討，延伸注意到變遷社會中性格轉變的問題，進而對「現代化」現象的研究產生興趣。②啓發學者開始對與社會變遷有關的問題從事有系統的具體實徵研究。③爲民國七〇年代之社會與行爲科學研究本土化運動鋪了路。關於這些影響，下面還會討論到。

第三、流風所及，連一向只重政治制度與思想研究之臺大政治學系也受到影響。該系袁頌西教授首先開發有關行爲科學的方法，並從事政治行爲的研究。後來，胡佛教授更進一步帶頭，從事一系列的投票行爲研究。連政治大學政治學研究所也起而呼應。至此，實證的經驗研究風氣遍及社會科學中的各個學門，蔚成臺灣學界的主流。

總結來說，民國五〇年代初期殷海光等人之力倡邏輯實證的科學觀，爲社會科學界的經驗研究方法提供了更具說服力、且更爲自信的哲學基礎。在此基礎下，以心理、人類與社會學者爲核心的鐵三角組合推動了所謂「科際整合」的集體研究。這樣的努力主要以中央研究院民族學研究所爲本營，楊國樞、李亦園、吳聰賢、及文崇一等教授是最主要的推動者。簡單來說，他們所推動的即採取經驗實證的方法來進行「現代化」的研究。

（四）展開「現代化」研究

其實，社會學者金耀基教授在民國五〇年代初期即已提出「現代化」的概念，並撰文解析中國的文化與社會變遷問題。金耀基(1978)在民國五十五年出版了《從傳統到現代》一書。這本書可以說是民國卅四年以來，臺灣地區以社會學知識寫就一本最具影響力的著作，它流傳廣而且深。追本溯源，社會學者會關心「現代化」問題原就是第三世界學術發展的潮流。面對西方強勢中心政治、經濟及文化的壓力，第三世界羣起效倣，其結果爲社會帶來急劇的變遷。變遷快速，問題自然就多，學者因此加以關心，原就是十分自然的趨勢。但是在臺灣，「現代化」所以會成爲民國五〇年代以來的熱門問題，與五〇年代初期以《文星》雜誌爲陣地的文化論戰，尤其對傳統嚴加批判的西化運動有一定的關係。很明顯的，金耀基所以以社會學的角度檢討中國文化與社會，乃受此一文化運動所刺激的。這可以說是該文化運動很自然的延伸，也是社會科學家以實際行動延續此一文化運動的具體表現。金教授學識豐富、才華橫溢、文筆流暢飄逸，加以又善引經據典，其著作沒有學院論文之艱澀聱牙，因而廣爲年輕學生所喜愛，影響當時尚是大學生的第三代社會學者甚深。筆者個人以爲，第三代社會學者所以普遍關心中國現代化，除了外在的客觀文化與社會條件使然外，金教授扮演了相當重要的啓蒙角色。

金耀基對現代化的討論採取的是，對整個中國文化與社會做宏觀解析和義理舖陳。這樣的討論的確有它的貢獻和價值，但卻很難爲其後的社會學者所承續。臺灣社會學者，尤其第三代，直接或間接地都是接受美國式經驗調查研究的訓練，在心態上甚多早已堅信，唯有從事調查研究才是正途，而且縱然接納宏觀的議論方式也是合法的研究方式， 他們絕大多數也因訓練不同， 缺乏這種研究分析的能力。 總之，不管理由何在，金耀基教授點燃了「現代化」研究的火種。在此火種燃燒與強調經驗實證研究的風氣雙重作用下，中央研究院民族學研究所之社會學者的努力可以說是最有體系，也最有成績。雖然在大學的社會學系中，民國五十年以後曾陸續地進行了一些社區的變遷調查，但都是十分地零星，而且絕大多數僅止於「加工式」⑬的實況描述，缺乏細膩的解析和周延的理論舖陳。中央研究院民族學研究所在文崇一教授主持下，完成了一系列有關臺北市及近郊之社區的變遷研究（參看文崇一等，1975；文崇一等，1972；黃順二，1975，文崇一，1975；瞿海源，1975）。繼後，文崇一、徐正光、張曉春等人進行有關工廠及工人的研究（徐正光，1975，1977；文崇一，1976；許木柱，1976；瞿海源，1976）。假若以研究主題來說，這兩組的經驗研究並不是這四十年來首創，以前也曾有類似的研究出現，但是，卻具有一些特殊的意義：

第一、它是在上述一系列之學術思潮孕育下，直接針對臺灣地區「現代化」此潮流，從事有系統而且連續幾年的探討。這是臺灣社會學界三十年未曾有過的嘗試。

第二，它所選擇的研究主題具有特殊的社會意義。工業化是這四

---

⑬ 此一概念，參看葉啓政（1982,136）。

十年來臺灣地區最爲顯著的發展現象，早已問題叢生。尤其，工人的態度、生活型態、工作環境等問題一向缺乏系統研究，本就迫切需要瞭解。至於社區之變遷研究更是承續第一代社會學者龍冠海教授於五〇年代強調「都市化」研究的傳統。工業化的結果促成了社區有顯著改變，也因此影響人際關係、生活型態、與人生觀等等。從事此方面的研究是具有學術與實用的雙重意義。

第三、也是最值得一提的是：此一研究是第二代與第三代社會學者（如張曉春、徐正光、瞿海源等教授）在研究上有了實質掛聯的開始。再者，西河變遷研究更摒除社會學一向只重調查的研究方式，揉合了人類學常用的參與觀察。在臺灣社會學史中，這是首次的舉動，意義特別深遠。當然，其所以如此，乃與民族學研究所的建制傳統有密切關係。尤其重要的是，這系列研究已逐漸擺脫社會學界一向因襲美國社會學觀念之束縛，企圖從實際的社會狀況中凝聚一些本土的特色。這爲往後在民國七〇年代推動社會科學本土化（或稱「中國化」）舖路。

（五）跨出「本土化」步伐

經過五〇年代實證主義、文化批判運動和六〇年代行爲科學實證研究落實在「現代化」的主題上之種種努力，到了七〇年代開始，社會科學家開始對從歐美移植進來的學術概念和方法嚴肅地提出質疑。這可從楊國樞與文崇一所編《社會及行爲科學研究的中國化》一書序言中明顯地感受到。他們說：「在現代知識的領域內，社會及行爲科學主要是源自西方的國家，而且在西方的成就也最大。這些科學傳入我國以來，有關的學者大都是在國外受過西方式的專業訓練，在以中國社會與中國人爲對象從事研究工作時，往往偏重西方學者所探討的問題，沿用西方學者所建立的理論，套用西方學者所設計的方法。影響所及，使我國的社會及行為科學研究者難以在問題、理論及方法上有所突破。……在缺乏自我肯定與自我信心的情形下，長期過份模仿西方研究活動的結果，使中國的社會及行為科學缺乏個性與特徵，終於淪為西方社會及行為科學的附庸。……在日常生活中，我們是中國人；在從事研究工作時，我們卻變成了西方人。我們有意無意地抑制自己中國式的思想觀念與哲學取向，使其難以表現在研究的歷程之中，而只是不加批評的接受與承襲西方的問題、理論及方法。」（楊國樞和文崇一，1982:i-ii）。

社會科學者呼籲研究本土化絕非平地起春雷，單純地由學術界起了反省而來。這是整個臺灣社會發展達到一定的水準，牽動出來的社會整體性連鎖反應。早在民國六〇年代開始，臺灣地區的藝文界即已開始孕育一股追求文化自我的暗流，在音樂界，先有史惟亮、許常惠等人從事臺灣地方歌謠的收集和鼓吹音樂本土化，後有主張自己的人唱自己的歌的「校園歌曲」的興起。在美術界，已故畫家席德進極力抨擊臺灣繪畫界的崇洋，力主追求具中國味的畫風。藝術史家蔣勳等人也竭力呼應。一時，具鄉土味之民俗畫家如洪通，石雕家林淵的作品為人推崇，帶來相當轟動與注意。在戲劇與舞蹈方面，先有提倡認識子弟戲的運動，後有蘭陵劇坊、雅音小集、雲門舞集。在文學方面，民國六十五年《仙人掌》雜誌首先發難，提出文學應以鄉土、現實世界為材料，一時蔚成風氣，引起廣泛的廻響⑭。凡此種種表現在

⑭ 有關此方面之文獻汗牛充棟，難以一一列擧，讀者可參看民國六十至七十年（尤其六十五年前後）之雜誌如《仙人掌》·《夏潮》·《藝術家》·《雄獅美術》·《中華雜誌》等。另外，當時之《中國時報》人間副刊亦扮演相當重要的角色。有關鄉土文學論戰，參看尉天聰（1978）。

藝文各個領域的是一片「本土化」之聲。在此，我們無法仔細來解析本土化所以形成的整個社會背景，但是有一點可以肯定的是：其所以會產生這麼一串連鎖的反應，乃與整個臺灣社會之發展有密切的關聯。這關聯絕非三言兩語可以交代清楚，筆者只能以簡馭繁，勉強用最簡略方式來加以述說。

經由五〇年代《文星》雜誌爲主之西化運動，臺灣知識界響起學習西方之風氣。畫界有劉國松等人主抽象畫之五月畫會；文學界有臺大外文系之《現代文學》大力介紹西洋文學及理論；戲劇界出了介紹西方戲劇的《劇場》雜誌。但到了六〇年代，學術界一些少壯學者在愛國心的驅使之下，響起一片要求政治革新的浪潮，他們以《大學雜誌》爲園地闢文建言。當時，蔣經國擔任行政院長，力圖革新，以挽頹勢，遂起用不少學人從政，舉國上下似乎呈現一片新氣象。仔細分析，「政治革新」可以說是，臺灣社會結構引起急劇變遷後，所必然的因應趨勢，本就可以預期的。尤其是六〇年代初保衞釣魚台運動激起知識界的愛國情操，也刺激了知識份子關心時政，勇於對實際政治批判和參與。這一系列的反省和批判拉開了問題意識的煙幕。有些知識份子逐漸發現到，整個的問題並不是單純地源於臺灣或中國自身的內部，而是與以歐美爲中心之世界體系的恣意膨脹有密切關聯。工業先進國家挾持優越的科技，在以自由經濟爲外表之資本主義意識形態下，對亞非地區（日本除外）進行經濟侵略。更嚴重的是，在經濟利潤驅使下，工業先進國家把文化當成商品，大舉向亞非地區傾銷，其結果是使亞非地區，不但在經濟上成爲他們的附庸，也在文化上對他們產生高度的依賴[15]。因此，當前臺灣社會問題之嚴重者並不止於政

---

[15] 有關中心與邊陲之文化不平等關係的討論，參看葉啓政（1985）。

治與經濟上對世界體系中之中心的依賴，而是文化已喪失了獨立性格，傳統一再地萎縮。對知識份子而言，這種文化上的失落感，在經濟一直快速發展，教育水準一再提高，民生日益富裕的情形下，特別地明顯，特別地深刻。尤其，審諸臺灣特殊的歷史背景，長期以來國際地位的未明確，政治統治者的一再更迭，在在使得知識份子迫切感到重建文化自我的需要。因此，從這樣的大環境來看，社會科學者提倡本土化絕非是獨立事件，而是整個知識界渴望擺脫中心文化之束縛，追求文化自我性格，以來證成社會認同的一環而已。

對社會學界來說，本土化的意識一開始並不是明顯的。說來，這或許與早期社會學者堅信「科學是客觀，因此必是超越國界，具有普遍的判準」的心態有關。然而，稍具知識社會學知識者都深深明白，任何知識事實上都是受制於特定的文化與歷史社會條件，因而必定具有一定的文化色彩。遺憾的是，以知識社會學爲其重點研究領域之一的社會學界卻一直缺乏這種意識，實在令人遺憾，也令人不解。或許這正說明了臺灣社會學界知識水準的低落吧！推其原因，社會學者受了美國社會學的毒太深，應該是最主要的癥結。也正因爲如此，雖然學術研究本土化一經提起，社會學者立即起而呼應，但首先提出的卻是心理學者楊國樞教授。

遺憾歸遺憾，民國六十九年十二月由中央研究院民族學研究所所主辦的「社會及行爲科學研究的中國化」研討會是四十年來臺灣社會科學界的一樁大事，也是臺灣社會學界的一個轉捩點。儘管民國六〇年以後留學而回流的社會學者絕大多數都是留美的，其中不少仍然秉承美國社會學的理論、方法，與概念來從事研究，但學者們已逐漸認識到學術全盤移植的危險。許多社會學者並開始在其研究中嘗試，從對本土現象的經驗中，力求在概念、方法、與理論突破⑯。這種強烈的本土意識在一些第三代社會學者，尤其當時尚在研究所求學或剛出道的第四代學者身上看得特別明顯。因此，儘管現在只是萌芽階段，尚未見有任何具體成果展現，但是，倘若持之有恆，假以時日，必有一番新氣象，應當是可以預期的。

（六） 視野開闊、返顧傳統

撇開本土化的努力不談，由於民國六〇年代，尤其六十五年後，返國社會學者突增，加以這批學者都受過正統的學院訓練，素質普遍相當優秀，社會學界頓然生氣蓬勃，活躍異常。研究的範疇也隨著各人專長而大爲擴展。在臺灣這塊社會學的處女地上，任何的社會現象都有讓學者足以充分發揮的餘地。這些年來，社會學者的研究已不再侷限在人口、家庭、與社區的研究，而擴展到社會階層、社會流動、醫療、宗教、國家發展、文化……等等現象。研究的領域不但大爲寬廣，研究成果的水準也大爲提高。值得一提的是，年輕一代的學者逐漸對西方社會學理論有更深、更廣的認識，他們不再侷限於美國式的理論，而能兼顧及歐洲的理論。更可喜的是，他們能在治西方理論之餘，返顧中國傳統的經史，而且頗多認識到，除了從事調查研究，回返到臺灣歷史來從事社會的研究，不但對瞭解臺灣社會是絕對的必要，

---

⑯ 這可由民國六十九年由中央研究院民族學研究所主辦之「社會及行爲科學研究的中國化」研討會中，社會學者所提出的論文看出。另外，七十一年中國社會學社第十四屆大會在臺北召開，會中曾舉辦「社會學在中國」座談會。同年，復於東海大學再召開「社會學在中國：問題與展望」研討會，兩次研討會的紀錄刊登於《中國社會學刊》第七期（黃金麟、謝冷雪，1983）。蕭新煌的調查（1985,310）亦指出，卅五位受訪社會學者當中，有廿七位肯定社會學中國化的必要性，占七七・一四%。

而且對反省、批判西方社會學理論，更是不可或缺的知識基礎⑰。這樣的努力方向是可喜，也是值得讚賞的。臺灣社會學界若有貢獻，這將是最大的。

四、檢討與反省

四十年的光陰實在微不足道，但是，在中國社會學發展史中，四十年卻佔了一半以上的光陰，算得上是一段漫長的時日。在二次大戰前，除歐美外，中國社會學研究本就已具規模，逐漸具有中國本土的風格（Wang, 1979, 19-36），被 Freeman (106-116) 譽為最具前途的國家。但是，中共在佔據大陸之後，旋即因無知愚昧，基於政治上的專斷考慮而廢止了社會學，雖這些年來又允許社會學恢復其學術上的合法性，但因人才凋零，弛廢日久，從頭做起，要恢復舊日水準，恐須假以時日。在此情況下，四十年來臺灣社會學的努力特別顯得重要，所具的意義也更明顯了。

回顧過去四十年臺灣社會學的發展，我們發現，民國卅八年以前大陸時代社會學者累積的成果幾乎無法在臺灣延續。卅八年以後臺灣地區建立起來的社會學可以說是另起爐灶的。如此學術傳統的斷層所以產生有其不可抗拒的客觀因素，自怪不得來臺後第一代社會學的先輩。第一、臺灣一向是化外之地，原就是邊陲，加以日本統治五十年，風土人情與中原本就有差異。來臺第一代學者又不諳臺灣方言，對臺灣社會也十分陌生，根本難以施展其所擅長的經驗調查研究。第二、一開始在學院中沒有制度的據點，社會學者一直是寄人籬下，加

⑰ 這可從1985年七月廿五日，由中國社會學社主辦「社會學的歷史研究」研討會的舉動與臺大與東海大學一些碩士論文的題目看出來。

以政府來臺百廢待興，圖自保已應接不暇，那有餘力支持學術發展。第三、當時頂尖優秀的社會學者幾無一人來臺，學術人口太少，研究與教學都動員不起來。這些因素加在一齊，一方面致使民國六十年以前社會學的研究發展一直欲振乏力，另一方面導致研究零星不成系統，而且因時空轉移難以與大陸時代之社會學傳統銜接。直到六〇年代第三代社會學者大批回臺後，研究雖十分蓬勃，但基本上卻是美國式學術風格的移植⑱，社會學要能日漸落實，恐怕還得等待第四代起來以後的事了。未能自立學術風格，始終如無根之飄萍，難以落實。

(一) 亟需强化學術體系

臺灣社會學與大陸時期之學術傳統難以接續是因爲政治因素與臺灣特殊歷史背景所促成的。但是，社會學自身缺乏學術上的風格，則除了特殊條件（如社會學的建制成立遲，學術人口少）外，有具普遍性意義的理由。簡單來說，這是世界體系中邊陲地帶所常見且必然產生的普遍結構因素使然的（蕭新煌，1982，1985；葉啓政，1982）。在前文中，我們曾指出，在世界體系中，中心對邊陲所施的強勢壓力始於經濟與政治，但卻是終於「文化」整體的優勢統制。邊陲地區爲了謀求獨立自主和富裕民生，莫不以致力於發展科技，以工業化來加

---

⑱ 根據蕭新煌（1982,83-85）的資料，在他所收集二〇二篇論文中，用中文撰寫的有一二三篇。引用的參考資料來源來自外文的幾占七〇%。引用的人物，除 Duvkheim 占最多外，其餘的幾乎全是美國社會學者，而且多屬以「實證——功能」爲範型的學者。同時，中文版有關社會學的書籍幾乎以美國社會學書籍的章節爲範本，很少採用中國或臺灣社會的實際資料。大學開設的社會學課程，也幾乎淸一色以美國社會學的典範爲準，開列的指定參考書也以英文本爲多。初步統計結果顯示，英文與中文之比例是二九六：二二八。由此可見臺灣社會學對美國社會學之高度依賴。

速經濟成長。要使科技無中生有，派遣學生留學中心社會學習模傚科技，幾乎是無可避免的趨勢。倘若一個邊陲社會未能逐漸地建立起獨立原創的學術創新體系，很自然地，必然一再地依賴中心社會來提供它所需要的學術人才。如此長期以往，這個社會的學術終必淪爲中心學術的殖民地，無論在理論、概念，與方法上都在在產生高度的依賴。其結果是導致學術成果缺乏原創，僅只是中心學術性格的衍生與加工（葉啓政，1982）。這四十年來的臺灣社會學就是如此，成爲不折不扣美國社會學的殖民地，假若臺灣社會學有問題，這種殖民性格所具的移植和加工性可以說是最嚴重的致命傷。

話雖如此地說，社會學具移植與加工性，恐怕是任何邊陲社會之社會學發展過程中難以完全擺脫的現象，因此，我們的問題不在於有了這樣結構上的弊病，而是如何儘快避免一直深淪爲中心學術的殖民地。經過這些年來本土意識的覺醒作用，社會學界是已有了這種認識，也有明顯謀求突破的意識。但是，可惜，由於過去種種先天及後天不利條件，徒有意識並不足以謀大業，我們尚需要的是突破的「能力」和持續的努力契機。這兩項恐怕也是當前臺灣社會學界最缺乏的。

（二）研究品質有待改進

無庸置疑的，民國六〇年代以後社會學的研究是蓬勃，但普遍的學術品質實在尙有待提高。蕭新煌和張笠雲（1982）以約近十年來十五篇社會學者接受國科會、研考會、經建會，及其他單位委託，多少與「政策」有關的經驗研究爲對象來加以分析，發現研究報告的水準普遍令人不滿意。這些研究對「社會現實的概念化」卻呈現相當的「機械」形象。無論在變項的選擇、確立、因果推論、統計運用都有瑕疵。研究過份經驗主義化，與理論脫節，往往只是資料的堆砌，缺乏分析的工夫，也忽略控制變項的存在。更嚴重的是，這些研究常有想當然耳的論點，結論與呈現的資料常有不一致的情形發生。

當然，以十五篇報告做爲依據來概化整個臺灣社會學界四十年來的研究成果品質是十分不公平，也相當地危險。不過，這個分析多少已告訴我們一個事實，那就是：社會學的研究品質尙待改進。雖然這六、七年來社會學界的人才與研究品質都大幅度提高，有些研究成果相當有價值，而且極富原創力，可以說是一流的優秀作品，但是，在「先天不足，後天失調」的歷史條件下，四十年並沒長久到足以使一個學界可以完全脫胎換骨的地步，社會學界中的人才尙是良莠不齊。在此條件下，一旦學術規範難以完全產生作用，品質管制自然不良，規矩當然也跟著混亂。尤其，國人一向重政治權力、講人情、強調關係，嚴格的學術評斷標準就很難被用上了。在此情況之下，品質管制倍加困難。

（三） 社會學界的隱憂

除了學術研究品質的問題外，今天臺灣社會學界尙有一些隱憂，值得拿出來檢討。

第一、由於整個教育內容上的偏失，國內高中生普遍對社會學沒有認識，加以功利氣息瀰漫，社會學系始終難以恆常地招收到優秀的有志學生。縱然偶有優秀學生有志於社會學的專業，但往往又因一入大學之後缺乏適當之誘因和啓蒙而導致他們半途而廢。因此，在教育講求功利實用的環境下，如何創造誘因吸引有志學生是提高、保證社會學人才之品質必要準備的工作。

第二、四十年來，臺灣地區發展迅速，社會不免處處產生調適的困難，顯得問題重重。再者，教育普及，民生富裕，社會大衆求知慾普遍增高，大衆媒體也隨之蓬勃發達。在此條件下，不論官方、公私企業、輿論界、大衆，在在迫切需要社會學者提供意見，或借助他們從事實際問題之研究。爲此，社會學者很難只從事學院的研究，社會往往希望他們以啓蒙的知識份子來服務社會。況且，社會學者透過實務的參與，不論是參與政府的決策、或從事政策研究、或在大衆媒體中撰文、建言，都比較容易在名或利上獲得立即性的報酬，或在社會上見到立竿見影的效果。如此，無論就社會的公利或個人的私利角度來看，社會學者很難抵擋學院之外的引誘，而甘心把自己深鎖在學院內從事一時未必有實效的研究。很明顯的，在各方殷切的要求下，許多優秀的社會學者一出道就讓自己陷入大社會的泥淖中忙碌異常。其結果是：他們左右開弓、演講、座談、撰文論政、接各種不同範疇的研究計畫，甚至自立門戶，經營起事業來。日子一久，自然荒廢了專業上的精進，成爲一具「有問必答、有求必應」的智力機器。個人是獲得了名，更獲得了利，社會也因此是有所改善，但卻多少阻礙（至少延緩）了社會學之學術本身的發展。尤其，社會學本就先天不足，後天又失調，如此一來，更無形中使社會學在尙未站穩腳、紮好根之前，又患了營養不良症。沒錯，與十年、二十年尤其三十年前的情況相比較，社會學的研究是有進步，社會學也因學者的社會參與遽增而顯蓬勃。但是，這樣的成長卻猶如飼料動物一般，是來自短期灌食的暴長結果。長是長得很快，但終缺乏穩固渾厚的底子做基礎，顯得癡肥，說來是十分不健康的。尤其，一旦社會學者缺乏自省，以近利爲成就而沾沾自喜，長此以往，對整個社會學的發展必是不利的。況且，臺灣社會學界的學術人口本就不可能再加大太多，倘若絕大部份學者投獻太多時間和精力於實務之上，社會學之學術本身的奠基紮根工作自然相對地會受到影響。當然，在臺灣現階段這樣的環境裏，社會問題叢生，待解問題實在太多，社會學者實也不能完全置身其外，否則也有違西方傳入之社會學的原始啓蒙與解放精神。社會學者如何在學院內的專業與學院外的實際要求之間，也是在學者和知識份子之間，爲其角色找到平衡點，的確不是一件容易的事。這就有待每個社會學者憑個人的能力、志趣、與機緣，做明智的抉擇了。

第三，我們很清楚地看出來，四十年來，臺灣社會學是在美國社會學的陰影下成長，我們不自覺地成爲美國社會學的屬地。一代又一代的到美國留學，也一代又一代把美國流行的學風帶回來，新的汰舊的，我們自稱爲「進步」，出國進修則稱爲「充電」。如此下去，倘若我們一直不積極強化自己的學術體系，毫無疑問就得一直到歐美充電去，學術性格自然是沒有建立的一天。社會學的知識絕對不是中性的，它必然要依附在一套價值之下，也必然要展透一定的文化風格。若要社會學本土化，除了學者應當充分自覺，努力去離析外來知識的文化特色之外，強化自己的學術建制是絕對必要的。個人以爲，就此而言，鼓勵年輕學子留在國內的研究所深造，有其必要性。非有在制度上建立自己的培育訓練體系，我們的研究成果才可能累積，學風也才可能延續。否則，一再依靠留學來補充新血，那將是一種無根又折腰的學術慢性中毒，永無翻身的機會。情形一旦是如此，社會學本土化將只是奢侈的空談。

四十年來，我們的前輩或許曾因私念或無知、有意或無意地犯了錯，但我們沒有理由懷疑他們對社會學奉獻的誠意。在那麼惡劣的環境中，他們的努力容或得不到應有的成績，錯不在他們，而在客觀條件的不利。做爲社會學界的後輩實在不應該太責怪他們。社會學還在成長之中， 他需要耐心來保護， 耐心來調理。 我們該做的是竭盡個人之力努力爲下一代提供更有利發揮個人與團隊潛力的契機。因此之故，我們不擔心社會學界出現派系，相反地，我們歡迎派系。學術沒有派系，就不可能有競爭；沒有競爭，就沒有辯論的可能，也就成不了學風氣候。我們不願見到的是學術見解之外而形成的派系。倘若社會學界因個人恩怨、私利、黨朋歸屬或政治立場而形成派系，這將是臺灣社會學界的羞辱。社會學一向以最具反省批判性自豪，在對大社會反省批判之前，恐怕應當先對自己嚴加反省與批判吧！

（原文刊登 中國論壇編輯委員會編《海峽兩岸學術研究的發展》，1988 本文內容已略加修改過）

參 考 文 獻

文崇一

1975 <萬華地區的群體與權力結構>。《中央研究院民族學研究所集刊》，39: 19-56。

<岩村的社會關係和權力結構>。《中央研究院民族學研究所集刊》，42: 41-47

文崇一 許嘉明 瞿海源 黃順二

1972 《臺北關渡社區調查研究報告》。臺北: 中華民國社區發展研究訓練中心。

1975 《西河的社會變遷》。臺北: 中央研究院民族學研究所。

李亦園 楊國樞

1974 《中國人的性格》。臺北: 中央研究院民族學研究所。

金耀基

1978 《從傳統到現代》。臺北: 時報文化出版事業公司。（增訂一版）

周 揚

1963 <哲學與社會科學工作者之戰鬪任務>。《人民日報》。

殷海光

1983 <思想與方法>。臺北: 《文星》。

1983 <中國文化的展望>。臺北: 《文星》。

1979 《殷海光先生文集㈠㈡》。臺北: 桂冠。

徐正光

1976 <岩村的生態與經濟變遷>。《中央研究院民族學研究所集刊》,42: 1-40。

1977 <工廠工人的工作滿足及其相關因素之探討>。《中央研究院民族學研究所集刊》，43: 23-64。

孫本文

1982 《當代中國社會學》。臺北：里仁。

陳紹馨

1979 《臺灣的社會變遷與人口變遷》。臺北：聯經。

張曉春

1972 發言記錄「二十年來我國行爲科學的發展與展望」討論會，《思與言》卷十，4：3-14。

許木柱

1976 <岩村的宗教活動>。《中央研究院民族學研究所集刊》42：73-96

尉天驄

1978 《鄉土文學討論集》。臺北：遠流。

黃金麟 謝冷雪

1983 <「社會學在中國：問題與展望」研討會記錄>。《中國社會學刊》，7：293-322。

黃應貴

1983 <光復後臺灣地區人類學研究的發展>。《中央研究院民族學研究所集刊》，55：105-146。

黃順二

1975 <萬華地區的都市發展>。《中央研究院民族學研究所集刊》，39：1-18。

楊懋春

1963 《勉齋文集》。臺北。

1970 《臺灣土地改革對鄉村社會制度影響之研究》。臺灣大學農業推廣學系。

1976 <社會學在臺灣地區的發展>。《中國社會學刊》，3：1-48。

1980 <記臺大社會學系之創立>。《臺灣大學社會學刊》，14：4-10。

楊國樞　文崇一

1982　《社會及行爲科學研究的中國化》。臺北：中央研究院民族學研究所。

鄒理民

1981　《社會學在中國的發展》。臺灣大學社會學研究所碩士論文。

葉啓政

1982　<從中國社會學既有性格論社會學研究中國化的方向與問題>。見楊國樞、文崇一編《社會及行爲科學研究的中國化》。臺北：中央研究院民族學研究所，115-152。

1985　<文化優勢的擴散與「中心——邊陲」的形成>。《中國社會學刊》九期。

葉榮鐘等

1971　《臺灣民族運動史》。臺北：《自立晚報》。

龍冠海

1963　<社會學在中國的地位與職務>。《臺灣大學社會學刊》，1：1-23。

1969　《社會學》，臺北：三民書局。

1975　<應用社會學在中國的發展>。《社會學與社會工作》。

蕭新煌

1982　<社會學中國化的結構問題：世界體系中的範型分工初探>。楊國樞、文崇一編《社會及行爲科學研究的中國化》。臺北：中央研究院民族學研究所，69-90。

1985　<再論社會學中國化的結構問題：臺灣的社會學家如是談>。李亦園等編《現代化與中國化論集》。臺北：桂冠圖書公司，287-328。

蕭新煌　張苙雲

1982　<對國內研會學經驗研究的初步反省：現實建構，理論與研究>。瞿海源、蕭新煌編《社會學理論與方法：研討會論文集》。臺北：中央研究院民族學研究所，267-289。

瞿海源

1975 <萬華地區社會態度的變遷>。《中央研究院民族學研究所集刊》，39: 57-84。

1976 < 岩村居民的社會態度 >。《 中央研究民族學研究所集刊 》，42: 97-118。

戴宗村

1984 <臺灣傑出的社會學者—陳紹馨>。《民衆日報》，民國73年11月12日。

Freeman, M.

1962 "Sociology in and of China," *British Journal of Sociology*, 13: 106-116。

Parsons, T.

1943 *The Structure of Social Action*. New York: Free Press.

Parsons. T &. E. Shils.

1952 *Toward a General Theory of Social Action*. 臺北: 虹橋

Wang, S. L.

1979 *Sociology and Socialism in Contemporary China*. London: Routledge &. Kegan Paul.

滄海叢刊書目

現代藝術哲學	孫　旗　譯
現代美學及其他	趙天儀　著
中國現代化的哲學省思	成中英　著
不以規矩不能成方圓	劉君燦　著
恕道與大同	張起鈞　著
現代存在思想家	項退結　著
中國思想通俗講話	錢　穆　著
中國哲學史話	吳怡、張起鈞　著
中國百位哲學家	黎建球　著
中國人的路	項退結　著
中國哲學之路	項退結　著
中國人性論	臺大哲學系主編
中國管理哲學	曾仕強　著
孔子學說探微	林義正　著
心學的現代詮釋	姜允明　著
中庸誠的哲學	吳　怡　著
中庸形上思想	高柏園　著
儒學的常與變	蔡仁厚　著
智慧的老子	張起鈞　著
老子的哲學	王邦雄　著
逍遙的莊子	吳　怡　著
莊子新注（內篇）	陳冠學　著
莊子的生命哲學	葉海煙　著
墨家的哲學方法	鐘友聯　著
韓非子析論	謝雲飛　著
韓非子的哲學	王邦雄　著
法家哲學	姚蒸民　著
中國法家哲學	王讚源　著
二程學管見	張永儁　著
王陽明——中國十六世紀的唯心主義哲學家	張君勱原著、江日新中譯
王船山人性史哲學之研究	林安梧　著
西洋百位哲學家	鄔昆如　著
西洋哲學十二講	鄔昆如　著
希臘哲學趣談	鄔昆如　著
近代哲學趣談	鄔昆如　著
現代哲學述評(一)	傅佩榮編譯

當代西方哲學與方法論	臺大哲學系主編
人性尊嚴的存在背景	項 退 結編著
理解的命運	殷 鼎 著
馬克斯・謝勒三論	阿弗德・休慈原著、江日新 譯
懷海德哲學	楊 士 毅 著
洛克悟性哲學	蔡 信 安 著
伽利略・波柏・科學說明	林 正 弘 著
宗教類	
天人之際	李 杏 邨 著
佛學研究	周 中 一 著
佛學思想新論	楊 惠 南 著
現代佛學原理	鄭 金 德 著
絕對與圓融——佛教思想論集	霍 韜 晦 著
佛學研究指南	關 世 謙 譯
當代學人談佛教	楊 惠 南編著
從傳統到現代——佛教倫理與現代社會	傅 偉 勳主編
簡明佛學概論	于 凌 波 著
圓滿生命的實現（布施波羅密）	陳 柏 達 著
薝蔔林・外集	陳 慧 劍 著
維摩詰經今譯	陳 慧 劍譯註
龍樹與中觀哲學	楊 惠 南 著
公案禪語	吳 怡 著
禪學講話	芝峯法師 譯
禪骨詩心集	巴 壺 天 著
中國禪宗史	關 世 謙 著
魏晉南北朝時期的道教	湯 一 介 著
社會科學類	
憲法論叢	鄭 彥 棻 著
憲法論衡	荆 知 仁 著
國家論	薩 孟 武 譯
中國歷代政治得失	錢 穆 著
先秦政治思想史	梁啟超原著、賈馥茗標點
當代中國與民主	周 陽 山 著
釣魚政治學	鄭 赤 琰 著
政治與文化	吳 俊 才 著
中國現代軍事史	劉 馥著、梅寅生 譯
世界局勢與中國文化	錢 穆 著

書名	作者
中華文化十二講	錢　穆著
民族與文化	錢　穆著
楚文化研究	文崇一著
中國古文化	文崇一著
社會、文化和知識分子	葉啟政著
儒學傳統與文化創新	黃俊傑著
歷史轉捩點上的反思	韋政通著
中國人的價值觀	文崇一著
紅樓夢與中國舊家庭	薩孟武著
社會學與中國研究	蔡文輝著
比較社會學	蔡文輝著
我國社會的變遷與發展	朱岑樓主編
三十年來我國人文社會科學之回顧與展望	賴澤涵編
社會學的滋味	蕭新煌著
臺灣的社區權力結構	文崇一著
臺灣居民的休閒生活	文崇一著
臺灣的工業化與社會變遷	文崇一著
臺灣社會的變遷與秩序(政治篇)(社會文化篇)	文崇一著
臺灣的社會發展	席汝楫著
透視大陸	政治大學新聞研究所主編
海峽兩岸社會之比較	蔡文輝著
印度文化十八篇	糜文開著
美國的公民教育	陳光輝譯
美國社會與美國華僑	蔡文輝著
文化與教育	錢　穆著
開放社會的教育	葉學志著
經營力的時代	青野豐作著、白龍芽譯
大眾傳播的挑戰	石永貴著
傳播研究補白	彭家發著
「時代」的經驗	汪琪、彭家發著
書法心理學	高尚仁著

史地類

書名	作者
古史地理論叢	錢　穆著
歷史與文化論叢	錢　穆著
中國史學發微	錢　穆著
中國歷史研究法	錢　穆著
中國歷史精神	錢　穆著

國史新論	錢　穆 著
秦漢史	錢　穆 著
秦漢史論稿	邢義田 著
與西方史家論中國史學	杜維運 著
中西古代史學比較	杜維運 著
中國人的故事	夏雨人 著
明朝酒文化	王春瑜 著
共產國際與中國革命	郭恒鈺 著
抗日戰史論集	劉鳳翰 著
盧溝橋事變	李雲漢 著
老臺灣	陳冠學 著
臺灣史與臺灣人	王曉波 著
變調的馬賽曲	蔡百銓 譯
黃帝	錢　穆 著
孔子傳	錢　穆 著
唐玄奘三藏傳史彙編	釋光中 編
一顆永不殞落的巨星	釋光中 著
當代佛門人物	陳慧劍編著
弘一大師傳	陳慧劍 著
杜魚庵學佛荒史	陳慧劍 著
蘇曼殊大師新傳	劉心皇 著
近代中國人物漫譚・續集	王覺源 著
魯迅這個人	劉心皇 著
三十年代作家論・續集	姜　穆 著
沈從文傳	凌　宇 著
當代臺灣作家論	何　欣 著
師友風義	鄭彥棻 著
見賢集	鄭彥棻 著
懷聖集	鄭彥棻 著
我是依然苦鬥人	毛振翔 著
八十憶雙親、師友雜憶（合刊）	錢　穆 著
新亞遺鐸	錢　穆 著
困勉強狷八十年	陶百川 著
我的創造・倡建與服務	陳立夫 著
我生之旅	方　治 著
語文類	
中國文字學	潘重規 著

中國聲韻學 潘重規、陳紹棠 著
訓詁通論 吳孟復 著
翻譯新語 黃文範 著
詩經研讀指導 裴普賢 著
陶淵明評論 李辰冬 著
鍾嶸詩歌美學 羅立乾 著
杜甫作品繫年 李辰冬 著
杜詩品評 楊慧傑 著
詩中的李白 楊慧傑 著
司空圖新論 王潤華 著
詩情與幽境——唐代文人的園林生活 侯迺慧 著
唐宋詩詞選——詩選之部 巴壺天 編
唐宋詩詞選——詞選之部 巴壺天 編
四說論叢 羅盤 著
紅樓夢與中華文化 周汝昌 著
中國文學論叢 錢穆 著
品詩吟詩 邱燮友 著
談詩錄 方祖燊 著
情趣詩話 楊光治 著
歌鼓湘靈——楚詩詞藝術欣賞 李元洛 著
中國文學鑑賞舉隅 黃慶萱、許家鶯 著
中國文學縱橫論 黃維樑 著
蘇忍尼辛選集 劉安雲 譯
1984 GEORGE ORWELL原著、劉紹銘 譯
文學原理 趙滋蕃 著
文學欣賞的靈魂 劉述先 著
小說創作論 羅盤 著
借鏡與類比 何冠驥 著
鏡花水月 陳國球 著
文學因緣 鄭樹森 著
中西文學關係研究 王潤華 著
從比較神話到文學 古添洪、陳慧樺主編
神話即文學 陳炳良等譯
現代散文新風貌 楊昌年 著
現代散文欣賞 鄭明娳 著
世界短篇文學名著欣賞 蕭傳文 著
細讀現代小說 張素貞 著

現代詩學	蕭　　蕭　著
詩美學	李元洛　著
詩學析論	張春榮　著
橫看成嶺側成峯	文曉村　著
大陸文藝論衡	周玉山　著
大陸當代文學掃瞄	葉穉英　著
走出傷痕——大陸新時期小說探論	張子樟　著
兒童文學	葉詠琍　著
兒童成長與文學	葉詠琍　著
增訂江皋集	吳俊升　著
野草詞總集	韋瀚章　著
李韶歌詞集	李　　韶　著
石頭的研究	戴　　天　著
留不住的航渡	葉維廉　著
三十年詩	葉維廉　著
讀書與生活	琦　　君　著
城市筆記	也　　斯　著
歐羅巴的蘆笛	葉維廉　著
一個中國的海	葉維廉　著
尋索：藝術與人生	葉維廉　著
山外有山	李英豪　著
葫蘆·再見	鄭明娳　著
一縷新綠	柴　　扉　著
吳煦斌小說集	吳煦斌　著
日本歷史之旅	李希聖　著
鼓瑟集	幼　　柏　著
耕心散文集	耕　　心　著
女兵自傳	謝冰瑩　著
抗戰日記	謝冰瑩　著
給青年朋友的信(上)(下)	謝冰瑩　著
冰瑩書柬	謝冰瑩　著
我在日本	謝冰瑩　著
人生小語㈠～㈣	何秀煌　著
記憶裏有一個小窗	何秀煌　著
文學之旅	蕭傳文　著
文學邊緣	周玉山　著
種子落地	葉海煙　著

向未來交卷	葉海煙 著
不拿耳朵當眼睛	王讚源 著
古厝懷思	張文貫 著
關心茶——中國哲學的心	吳怡 著
放眼天下	陳新雄 著
生活健康	卜鍾元 著
美術類	
樂圃長春	黃友棣 著
樂苑春回	黃友棣 著
樂風泱泱	黃友棣 著
談音論樂	林聲翕 著
戲劇編寫法	方寸 著
戲劇藝術之發展及其原理	趙如琳譯著
與當代藝術家的對話	葉維廉 著
藝術的興味	吳道文 著
根源之美	莊申 著
中國扇史	莊申 著
立體造型基本設計	張長傑 著
工藝材料	李鈞棫 著
裝飾工藝	張長傑 著
人體工學與安全	劉其偉 著
現代工藝概論	張長傑 著
色彩基礎	何耀宗 著
都市計畫概論	王紀鯤 著
建築基本畫	陳榮美、楊麗黛 著
建築鋼屋架結構設計	王萬雄 著
室內環境設計	李琬琬 著
雕塑技法	何恆雄 著
生命的倒影	侯淑姿 著
文物之美——與專業攝影技術	林傑人 著